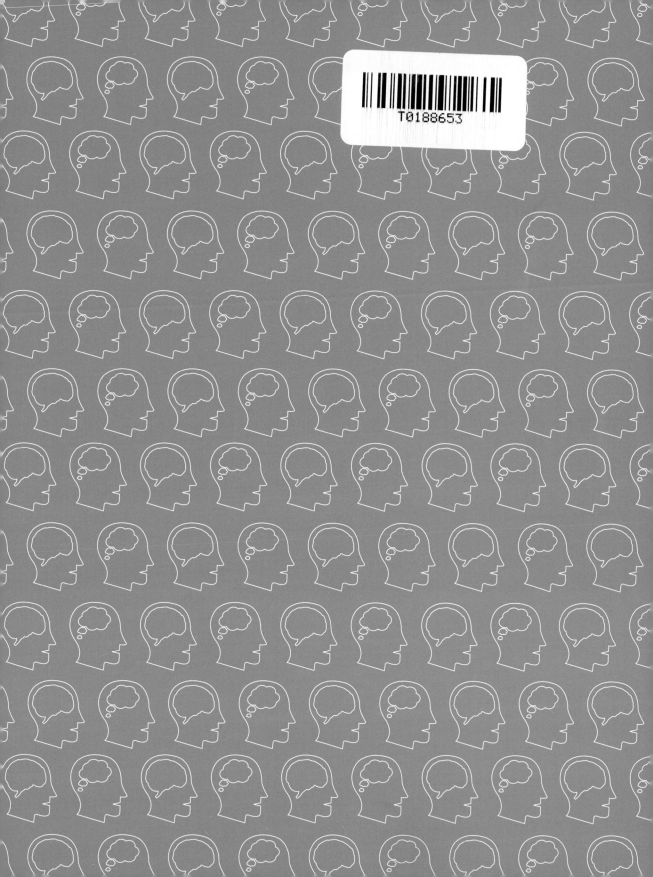

PSICOLOGÍA

PARA MENTES INQUIETAS

Edición de proyecto sénior Victoria Pyke
Edición de proyecto Matilda Gollon
Asistencia de edición Ciara Heneghan
Diseño sénior Jim Green
Diseño Daniela Boraschi y Mik Gates
Ilustración Daniela Boraschi, Mik Gates, Jim Green,
Diane Peyton Jones y Charis Tsevis

Coordinación editorial Linda Esposito
Coordinación de arte Michael Duffy y Diane Peyton Jones
Coordinación de publicaciones Andrew Macintyre
Dirección de publicaciones Jonathan Metcalf
Subdirección de publicaciones Liz Wheeler
Dirección de arte Phil Ormerod
Coordinación de preproducción Nikoleta Parasaki
Producción sénior Gemma Sharpe
Edición de cubierta Manisha Majithia y Maud Whatley
Diseño de cubierta Mark Cavanagh

DE LA EDICIÓN EN ESPAÑOL
Coordinación editorial Cristina Sánchez Bustamante
Asistencia editorial y producción Malwina Zagawa

Publicado originalmente en Estados Unidos
en 2014 por DK Publishing
1450 Broadway, Suite 801,
New York, NY 10018

Título original: *Heads Up Psychology*
Cuarta reimpresión 2022

Servicios editoriales: deleatur, s.l.
Traducción: Joan Andreano Weyland

ISBN 978-1-4654-6085-1

Impreso en China

Para mentes curiosas
www.dkespañol.com

PSICOLOGÍA
PARA MENTES INQUIETAS

ESCRITO POR
MARCUS WEEKS

ASESOR
DR. JOHN MILDINHALL

Contenido

¿Qué es lo que me MUEVE?

¿Qué hace mi CEREBRO?

¿Cómo funciona mi MENTE?

¿Qué es lo que me hace ÚNICO?

¿Cómo puedo ENCAJAR?

¿Qué es la **PSICOLOGÍA**?

LA GENTE NUNCA DEJARÁ DE FASCINARNOS. CUANTO MÁS LA MIRES, MÁS COMPLICADA LA ENCONTRARÁS. LA PSICOLOGÍA ES UNA DISCIPLINA CIENTÍFICA QUE SE DEDICA A COMPRENDER QUÉ NOS HACE QUIENES SOMOS. AL ESTUDIAR NUESTRA MENTE Y NUESTRO COMPORTAMIENTO, INTENTA REVELAR LA COMPLEJIDAD INMENSAMENTE RICA DEL SER HUMANO.

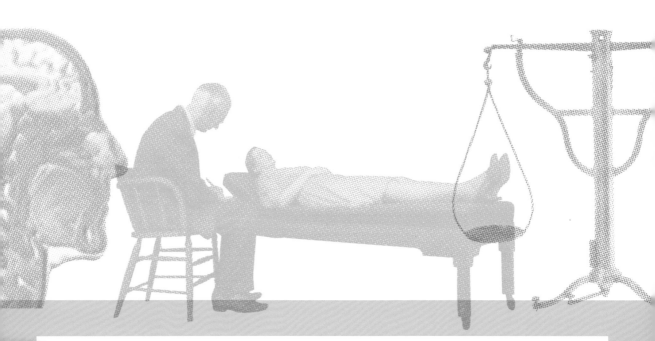

Piensa en la última vez que te subiste a un bus o un tren. ¿Iniciaste una conversación con otro pasajero? Si así fue, ¿es porque eres naturalmente extrovertido o porque ocurrió algo especial que te hizo hablarle? Quizá te hayas preguntado por qué te comportas como lo haces. Es esta curiosidad sobre cómo actúan las personas lo que interesa a los psicólogos, por lo que hacen tantas preguntas. La psicología es el estudio del comportamiento humano y de su mente. Pero ¿qué es la mente? Aparece en nuestra habla diaria: tener en mente, ser una mente abierta, venir a la mente. La mente no es algo físico y tampoco es lo mismo que el cerebro: es el concepto de un mecanismo que posee capacidades o funciones. No importa que no podamos verla ni abrirla para ver cómo funciona. Los psicólogos tratan de imaginar la forma en que es posible que trabaje

para ver si el comportamiento es coherente con ese funcionamiento. Pero es difícil estudiar a la gente: cuanto más tratas de observarlos, más cambian su conducta. Aun así, se ha avanzado mucho en la comprensión de ciertos fenómenos: cómo se forman los recuerdos, por qué se cometen errores, cómo interpretamos lo que vemos y nos comunicamos con los demás. Esto, a su vez, nos permite ser mejores profesores, crear un sistema judicial más equitativo, construir máquinas más seguras, tratar los trastornos mentales y muchos otros avances. Hasta hoy, el viaje hacia la comprensión de la mente y la conducta ha durado casi un siglo y medio, pero en realidad solo estamos empezando. Cada día los psicólogos descubren formas nuevas y sorprendentes de la conducta humana, pero aún nos queda mucho que comprender.

¿Qué hacen los **PSICÓLOGOS**?

PSICOLOGÍA ACADÉMICA

Los psicólogos sociales estudian cómo se comportan las personas que están juntas: sus interacciones, su comunicación, sus actitudes, la amistad, el amor y los conflictos.

Psicólogo social

Por medio de experimentos muy bien diseñados, el psicólogo cognitivo intenta definir los mecanismos de nuestra mente —como la memoria— y nuestro comportamiento.

Psicólogo cognitivo

Los psicólogos biológicos utilizan escáneres y otros equipos técnicos para estudiar el cerebro y encontrar la base biológica de nuestro comportamiento.

Biopsicólogo

PSICOLOGÍA MÉDICA

Los psicólogos clínicos suelen trabajar en hospitales y sus terapias ayudan a la gente a sobrellevar trastornos mentales como depresión o esquizofrenia.

Psicólogo clínico

Ayudan a los que han sufrido enfermedades o lesiones cerebrales a recuperar las capacidades perdidas a causa de esos problemas.

Neuropsicólogo clínico

PSICOLOGÍA APLICADA

¿Cómo puede una empresa mejorar a sus trabajadores? El psicólogo organizacional actúa en la industria y ayuda a que la gente sea más eficiente y feliz en su trabajo.

Psicólogo laboral u organizacional

Con técnicas psicológicas, los investigadores y diseñadores de experiencia del usuario crean webs y programas indispensables, atractivos e intuitivos.

Experiencia del usuario

LAS ACTIVIDADES DE LOS PSICÓLOGOS SON MUY DIVERSAS Y LOS ACADÉMICOS CONSTITUYEN SOLO UNA PEQUEÑA PARTE DE LOS GRADUADOS EN PSICOLOGÍA. ESTA CIENCIA ES ÚTIL EN TODOS AQUELLOS CAMPOS EN QUE ES VITAL CONOCER EL COMPORTAMIENTO HUMANO, COMO LOS DEPORTES, LA EDUCACIÓN, LA SALUD Y LA AVIACIÓN. ADEMÁS, MUCHOS DE LOS CONOCIMIENTOS DE LOS PSICÓLOGOS SON ÚTILES EN OTRAS CARRERAS.

El estudio de cómo ha evolucionado la mente en el tiempo permite a los psicólogos evolutivos comprender de dónde provienen capacidades como el razonamiento y el lenguaje.

Psicólogo evolutivo

¿Cómo pasamos de bebés indefensos a adultos llenos de capacidades? El estudio del desarrollo ayuda a los psicólogos a ver cómo se forma nuestra mente al crecer.

Psicólogo del desarrollo

A estos psicólogos les interesa encontrar el mejor modo de enseñar. Comprueban diferentes teorías de la educación y elaboran formas de mejorar los estilos y métodos de enseñanza.

Psicólogo educativo

Estudia las diferencias que hacen que cada persona sea única. Analizan la personalidad, las emociones, la identidad, la inteligencia y la salud mental.

Psicólogo diferencial

Con determinados métodos, el psicólogo orientador nos ayuda a enfrentarnos a los problemas de la vida y a resolverlos, por ejemplo una muerte o las relaciones personales.

Psicólogo orientador

El especialista en factores humanos, que suele trabajar en el transporte, mejora el diseño de señales, controles e interfaces para aumentar la seguridad.

Especialista en factores humanos

Muchos psicólogos trabajan en recursos humanos, donde gestionan el avance de la carrera de las personas, realizan evaluaciones y tratan de resolver dificultades.

Recursos humanos

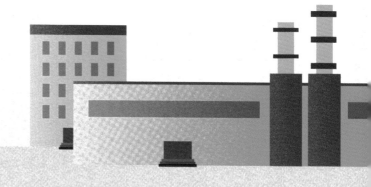

MÉTODOS
de investigación

ESTE LIBRO EXPLICA LOS HALLAZGOS MÁS IMPORTANTES DE LA PSICOLOGÍA. LOS MÉTODOS DE INVESTIGACIÓN PSICOLÓGICA SE HAN IDO HACIENDO CADA VEZ MÁS COMPLEJOS, PERO EL ENFOQUE BÁSICO SIGUE SIENDO EL MISMO. AL USAR LOS MÉTODOS CORRECTOS, LOS PSICÓLOGOS REALIZAN UNA INVESTIGACIÓN EXACTA Y FIABLE SOBRE LA CUAL BASAN SUS TEORÍAS.

Condiciones del laboratorio

Los psicólogos realizan experimentos en el laboratorio, donde crean dos o más condiciones controladas y tratan de medir la diferencia de conducta entre esas condiciones. Por ejemplo, se ofrece una bebida cafeinada a un grupo de personas y otra descafeinada a otro grupo para comprobar si es verdad que la cafeína afecta a los tiempos de reacción. Esto permite que los investigadores comprueben si las diferentes condiciones han causado o no variaciones en la conducta.

Profundo y significativo

En ocasiones a los psicólogos les interesa el significado de la conducta de la gente y aplican técnicas cualitativas para explorar temas en los que sus observaciones no son fáciles de traducir a números. Por ejemplo: al investigar la naturaleza de la nostalgia, tal vez un psicólogo haga entrevistas y aplique cuestionarios abiertos para conocer mejor las experiencias sobre la sensación. Luego interpreta este material subjetivo y extrae conclusiones sobre la conducta humana.

Análisis estadístico

Algunas de las evidencias más conspicuas de la psicología provienen de métodos cuantitativos (numéricos). Los psicólogos diseñan muchas pruebas para medir y comparar las personalidades de la gente y predecir cómo actuarán en el futuro. Con estos datos se elaboran gráficas que muestran, por ejemplo, cómo varía la personalidad según la localización. La ventaja de este método es su capacidad de revelar pautas muy sutiles que de otro modo no se verían.

En el mundo real

No siempre es posible obtener resultados importantes de un experimento controlado ni de técnicas cualitativas como entrevistas. Cuando el comportamiento depende del exterior o de la experiencia —por ejemplo, el transporte público— los psicólogos se ponen en la situación y tratan de analizar la conducta sistemáticamente. Tienen que tener especial cuidado de no interferir en esa conducta porque se arriesgan a desvirtuar los resultados.

¿Qué es lo que me MUEVE?

¿Quién necesita PADRES?

¿Por qué no CRECES?

¿Se te puede MOLDEAR?

No necesitas ninguna EDUCACIÓN

Vive y APRENDE

¿Por qué TE HAS PORTADO así?

¿Sabes qué está BIEN y qué está MAL?

¿Demasiado TARDE?

La psicología del desarrollo se fija en cómo cambiamos durante la vida y las etapas que pasamos desde el nacimiento, la niñez y la turbulenta adolescencia hasta la adultez y finalmente la vejez. También estudia cómo adquirimos habilidades y conocimientos y cómo aprendemos qué son la buena y la mala conductas.

¿Quién nece

DE NIÑOS NECESITAMOS ADULTOS QUE NOS CUIDEN Y NOS DEN ALIMENTO, AMOR Y COBIJO. ESTOS CUIDADORES, GENERALMENTE LOS PADRES, TAMBIÉN SON IMPORTANTES PARA NUESTRO DESARROLLO PSICOLÓGICO. FORJAMOS VÍNCULOS EMOCIONALES CON ELLOS DESDE MUY PRONTO, LO QUE NOS DA LA SEGURIDAD NECESARIA PARA EXPLORAR EL MUNDO Y APRENDER.

Véanse también:
30-31

Formación de vínculos cruciales

Al estudiar la conducta de los animales, el biólogo del siglo XX Konrad Lorenz comprobó que las ocas jóvenes y sus madres tenían vínculos muy fuertes. Vio que los pollos se pegan a lo primero que

EN LOS BEBÉS EL **AMOR** MATERNO ES TAN VITAL PARA LA **SALUD MENTAL** COMO LAS VITAMINAS Y LAS PROTEÍNAS PARA LA FÍSICA.

JOHN BOWLBY

ven moverse cuando salen del cascarón: suele ser su madre, pero podría ser un «padre adoptivo». Lorenz se dio cuenta de que los pollos no aprendían esto: es un fenómeno instintivo que llamó «impronta». Más tarde, los psicólogos se interesaron en el vínculo entre los bebés recién nacidos y sus padres, que llamaron «apego». Uno de los primeros en estudiar el apego, John Bowlby, observó a niños separados de

sus padres durante largos periodos, incluso niños evacuados en la Segunda Guerra Mundial y vio que, con el tiempo, muchos de ellos tenían problemas intelectuales, sociales o emocionales. Bowlby infirió que durante los primeros 24 meses de vida los niños tienen la necesidad imperiosa de crear un vínculo con al menos un cuidador adulto, por lo general uno de los padres, que suele ser la madre. El apego es diferente de otras relaciones porque es un lazo emocional fuerte y duradero con una persona en especial que, si se altera, puede tener efectos prolongados sobre el desarrollo.

Peligro exterior

Mary Ainsworth trabajó durante algún tiempo con Bowlby en Londres y prosiguió su investigación. Creía que la figura del apego (el cuidador al que se apega el bebé) proporciona una base segura desde la que el niño aprende a explorar el mundo. En su experimento de la «Situación extraña», estudió cómo reaccionan los bebés

SEGURO
ESTOS NIÑOS ESTÁN DISPUESTOS A EXPLORAR Y ACERCARSE A EXTRAÑOS SI SUS MADRES ESTÁN CON ELLOS, PERO SUFREN CUANDO SE ALEJAN Y SE ALEGRAN AL VERLAS REGRESAR.

HAY TRES TIPOS DE APEGO.

sita PADRES?

LOS NIÑOS CON trastornos del apego suelen actuar como jóvenes, social y emocionalmente.

ante un extraño, primero con sus madres en la habitación y luego sin ellas. Los resultados (que se muestran en los globos) indican que hay tres tipos de apego: el seguro, el ansioso-resistente y el ansioso-evitador. Un apego seguro crea una base positiva para las futuras relaciones del niño. En cambio, las pruebas demuestran que a los niños sin un apego seguro les resulta más difícil establecer relaciones sólidas más adelante.

ANSIOSO-EVITADOR
ESTOS NIÑOS SUELEN IGNORAR A SUS MADRES CUANDO JUEGAN, Y AUNQUE SUFREN SI SE LOS DEJA SOLOS, UN EXTRAÑO LOS CONSUELA FÁCILMENTE.

Una gran familia

Mientras Bowlby y Ainsworth destacaban la importancia de la relación madre-hijo, algunos psicólogos creen que un bebé puede vincularse con otras personas y aun así desarrollarse bien. Michael Rutter demostró que los bebés pueden apegarse enormemente a sus papás, sus hermanos, sus amigos, e incluso a objetos inanimados. Bruno Bettelheim llegó a cuestionar el valor del vínculo madre-hijo. En un estudio llevado a cabo en un kibutz israelí, donde los niños se criaban en una comuna lejos del hogar familiar, halló pocas pruebas de trastornos emocionales. En realidad, con frecuencia los niños tenían vidas sociales activas y buenas carreras. No obstante, los críticos también señalaron su tendencia a formar menos relaciones estrechas en la vida adulta.

ANSIOSO-RESISTENTE
ESTOS NIÑOS EVITAN A LOS EXTRAÑOS Y LES CUESTA EXPLORAR. SUFREN MUCHO AL SEPARARSE DE SUS MADRES Y SE ENFADAN CON ELLAS CUANDO REGRESAN.

MONOS MULLIDOS

El psicólogo Harry Harlow presentó «madres» a monos bebés. Algunas estaban rellenas de tela; otras eran de alambre pero alimentaban con biberón. Los monos bebés bebieron del biberón pero luego volvieron con la «madre» mullida en busca de cariño. Esto destaca la importancia de satisfacer las necesidades emocionales de un niño tanto como las físicas.

6-12 AÑOS
ADQUIRIMOS HABILIDADES NUEVAS Y DESCUBRIMOS EN QUÉ SOMOS BUENOS, LO QUE REFUERZA NUESTRA AUTOCONFIANZA.

12-18 AÑOS
COMENZAMOS A PREGUNTARNOS EL PROPÓSITO DE LA VIDA Y NUESTRO SITIO EN LA SOCIEDAD, LO QUE DESARROLLA NUESTRO SENTIDO DE LA IDENTIDAD.

3-6 AÑOS
JUGAMOS CON MÁS CREATIVIDAD PERO APRENDEMOS QUE NO PODEMOS HACER TODO LO QUE QUEREMOS, PUES NUESTROS ACTOS AFECTAN A OTROS.

La mente del adolescente está en una fase del desarrollo en la que acepta más riesgos que los adultos.

¿Por qué no CRECES?

1-3 AÑOS
COMENZAMOS A SER INDEPENDIENTES Y A TENER VOLUNTAD DE EXPLORAR, PERO TAMBIÉN APRENDEMOS A AFRONTAR EL FRACASO Y LA DESAPROBACIÓN.

DURANTE GRAN PARTE DE LA HISTORIA, LOS NIÑOS SE CONSIDERARON «ADULTOS EN MINIATURA»: SE CREÍA QUE SU MENTE FUNCIONABA IGUAL QUE LA ADULTA PERO SIN LOS MISMOS CONOCIMIENTOS. EN EL SIGLO XX, LOS PSICÓLOGOS COMPRENDIERON QUE LA MENTE SE DESARROLLA COMO EL CUERPO, AL CRECER.

Civilizándose

0-1 AÑO
APRENDEMOS A CONFIAR EN NUESTROS PADRES Y NOS SENTIMOS SEGUROS, Y ESA ES LA BASE DE NUESTRO SENTIDO DE LA IDENTIDAD.

G. Stanley Hall, pionero en el campo de la psicología del desarrollo, fue el primero en opinar que nuestra mente se desarrolla en diferentes fases: niñez, adolescencia y adultez. Tras la fase inicial como niños, en la adolescencia pasamos por un periodo turbulento en que estamos cohibidos, sensibles e imprudentes antes de convertirnos en lo que Hall llamó adultos «civilizados». En la década de 1930, el psicólogo suizo Jean Piaget sostuvo que los primeros años de la niñez son críticos. Describió cuatro etapas de desarrollo mental por las que pasan todos los niños en el mismo orden. Según él, solo pueden pasar a la etapa siguiente si finalizan la previa. Piaget hizo hincapié en que hacen esto explorando el mundo físicamente y no por medio de enseñanzas. Al comprobar las cosas lentamente ellos mismos, adquieren conocimientos y habilidades.

Véanse también: 24-25, 28-29, 32-33

A MEDIDA QUE NOS HACEMOS MAYORES, ATRAVESAMOS DIFERENTES ETAPAS DE DESARROLLO.

18–35 AÑOS
CREAMOS NUEVAS RELACIONES Y AMISTADES ÍNTIMAS Y PROFUNDIZAMOS EN LAS EXISTENTES.

AUTOADMIRACIÓN

En un estudio encaminado a medir la autoconciencia de los niños, se puso a bebés de 6 a 24 meses frente a un espejo después de que alguien les hubiera puesto rojo de labios en la nariz sin que se dieran cuenta. Cuando les preguntaron «¿quién es ese?» los más pequeños creyeron que el reflejo era otro niño, pero los mayores se reconocieron y señalaron el rojo de sus narices. El estudio demuestra que adquirimos autoconciencia sobre los 18 meses.

Explorar el mundo

En la primera etapa de Piaget (0–2 años) los niños aprehenden lo que les rodea con los sentidos de la vista, el oído, el tacto, el gusto y el olfato, y también controlan los movimientos corporales. En esta etapa «motosensorial» prestan atención a los objetos y a otras personas, pero desde su propio punto de vista: no pueden entender que otros tengan un punto de vista distinto. En la etapa «preoperacional» (2–7 años)

LA MENTE DEL NIÑO ES FUNDAMENTALMENTE DIFERENTE DE LA MENTE DEL ADULTO.

JEAN PIAGET

aprenden nuevas habilidades como moverse y organizar los objetos, por ejemplo según su altura o su color. También se dan cuenta de que las demás personas tienen sus propios pensamientos y sentimientos diferentes. En la tercera etapa, la «operacional concreta» (7–11 años), pueden llevar a cabo operaciones más lógicas, pero solamente con objetos físicos. Por ejemplo, entienden que si vierten un líquido desde un vaso corto y ancho a otro largo y fino, la cantidad de líquido sigue siendo la misma. Solo en la cuarta etapa, la «operacional formal» (11 años en adelante) van más allá y son capaces de tener ideas abstractas como el amor, el miedo, la culpa, la envidia, así como lo que está bien y lo que está mal.

Los pros y contras de la vida

Las etapas bien diferenciadas del desarrollo mental de los niños de Piaget influyeron mucho tanto en la psicología como en la educación. Pero algunos psicólogos pensaron que el desarrollo no acaba cuando llegamos a adultos, sino que continuamos evolucionando psicológicamente durante toda la vida. En la década de 1950, Erik Erikson identificó ocho etapas claras de desarrollo psicológico. Las describió como una especie de «plan de acción» en el que cada etapa se define por un conflicto entre los aspectos positivo y negativo de la vida: en la escuela y el trabajo, en nuestras relaciones con la familia y amigos. Así, a los 3–6 años tenemos un conflicto entre la iniciativa y la culpa: comenzamos a hacer las cosas como queremos, pero quizá terminemos sintiéndonos culpables si nuestras acciones afectan a otros. A los 18–35 años nos enfrentamos a la intimidad o el aislamiento: puede que creemos relaciones estrechas pero si nos fallan nos sentimos solos. En la etapa final tendríamos que sentirnos realizados, si es que hemos experimentado los aspectos positivos de las etapas anteriores.

35–65 AÑOS
NOS ESTABLECEMOS Y ADQUIRIMOS UN SENTIDO DE LA REALIZACIÓN, QUIZÁ AL CRIAR NUESTROS PROPIOS HIJOS O AL AVANZAR EN UNA CARRERA.

+65 AÑOS
TENEMOS UN SENTIMIENTO DE SATISFACCIÓN Y LOGRO GRACIAS A LO QUE HEMOS CONSEGUIDO EN LA VIDA.

¿Se te pue

NOS GUSTA PENSAR QUE CONTROLAMOS
LO QUE HACEMOS Y ELEGIMOS. PERO,
HASTA CIERTO PUNTO, LA CONDUCTA
SE FORMA CON LO QUE NOS SUCEDE
Y CON NUESTRAS RESPUESTAS A ESAS
EXPERIENCIAS. ALGUNOS PSICÓLOGOS
PENSABAN QUE SE PUEDE MOLDEAR LA
CONDUCTA E INCLUSO ENTRENAR A LA
GENTE PARA QUE HAGA CUALQUIER COSA.

Estímulo y respuesta

No fue un psicólogo sino un fisiólogo ruso quien
descubrió que es posible estimular a los animales
para que respondan de una manera determinada.
Iván Pávlov quería medir la cantidad de saliva que
segregan los perros al comer, y se dio cuenta de
que salivaban solo al pensar que era la hora de
la comida. Intrigado, añadió a sus investigaciones
una señal, por ejemplo una campana, cada vez que
les echaba comida, y así descubrió que los perros
aprendían a asociar el sonido con el alimento; así,
al cabo de un tiempo salivaban al oír la campana,
aunque no hubiera comida. Pávlov explicó que había
«condicionado» a los animales a responder a la
campana. Salivar al ver la comida es una respuesta
no aprendida o «no condicionada», pero eran capaces
de aprender una respuesta «condicionada» al estímulo
de la campana. Esta pauta de estímulo y respuesta
se conoce como «condicionamiento clásico».

¿Elegir carrera? ◗
John B. Watson creía
que todos los bebés
nacen sin saber nada,
pero que el camino de
todos los niños —incluso
su futura carrera— se
puede controlar por
condicionamientos.

PROFESOR

SE PUEDE
ENTRENAR A
CUALQUIERA
PARA HACER
CUALQUIER COSA.

FUTBOLISTA

Nacemos como pizarras en blanco

Los psicólogos llamados conductistas continuaron
explorando la teoría del condicionamiento clásico
de Pávlov para explicar por qué los seres humanos se
comportan como lo hacen. John B. Watson creía que
los niños son «pizarras en blanco», es decir, que nacen
sin conocimientos y se les puede enseñar cualquier cosa
con el condicionamiento clásico. Según Watson, la clave
de cómo nos comportamos son las emociones de miedo,
rabia y amor. Probó que se nos puede condicionar para
que demos una de estas respuestas emocionales a un

de MOLDEAR?

estímulo, al igual que Pávlov condicionó a los perros para que dieran una respuesta física (*véase* Albertito, debajo). Pero el uso del condicionamiento en seres humanos fue muy cuestionado y los psicólogos prefirieron no intentar condicionar a personas, especialmente a niños.

Ensayo y error

Otros psicólogos conductistas experimentaron con animales al creer que lo que aprendieran sobre la conducta animal podría aplicarse a las personas. Edward Thorndike ideó experimentos que probaban que los gatos podían resolver problemas. Introdujo a un gato hambriento en una «caja rompecabezas», y el animal debía pensar cómo utilizar un mecanismo, como un botón o una palanca, para abrir la caja y llegar a la comida. Thorndike advirtió que los gatos hallaban el mecanismo por el método de ensayo y error y que olvidaban las acciones que no habían tenido éxito. Dedujo así que los

> como Iván Pávlov, muchos entrenadores de perros emplean el condicionamiento clásico para enseñarles.

animales, incluidos los seres humanos, aprenden por asociación entre acciones y resultados; comprobó que el éxito o la recompensa refuerza esas asociaciones, que se fijan más aún al repetir la acción. Además, Edwin Guthrie estudió animales en cajas rompecabezas y también afirmó que estos aprendían a asociar una acción con una recompensa. Sin embargo, a diferencia de Thorndike, Guthrie aseguró que no hacía falta repetir la acción para reforzar el aprendizaje y explicó esto con el ejemplo de la rata que descubre una fuente de alimento: «una vez que ha visitado nuestro saco de grano, podemos contar con que volverá».

> DADME UNA DOCENA DE BEBÉS SANOS... Y OS **GARANTIZO** QUE PUEDO ELEGIR A CUALQUIERA DE ELLOS AL AZAR Y FORMARLO EN CUALQUIER **ESPECIALIDAD.**
> JOHN B. WATSON

Véanse también: 26–27, 28–29

EL PEQUEÑO ALBERT

John B. Watson realizó polémicos experimentos con un niño de nueve meses llamado Albert: le hizo asociar la aparición de una ratita blanca (y de otros objetos blancos y con pelo) a ruidos terroríficos y fuertes. El pequeño Albert quedó condicionado a temer cualquier cosa blanca y peluda. Hoy este tipo de experimentos con personas no se considera ético pues puede causar un trauma emocional prolongado.

MÉDICO

No necesitas ninguna EDUCACIÓN

Jugar con bloques de colores ayuda a los niños a aprender geometría y a conocer el espacio.

APRENDEMOS

ANTES SE CREÍA QUE APRENDER ERA MEMORIZAR INFORMACIÓN. PERO ESTA IDEA CAMBIÓ CUANDO LOS PSICÓLOGOS EXAMINARON LA MANERA EN LA QUE APRENDEMOS LAS COSAS. DESCUBRIERON QUE APRENDER DE MEMORIA, O POR REPETICIÓN, NO ES LA MEJOR FORMA: SÍ QUE NECESITAMOS ESTUDIAR, PERO TAMBIÉN ES IMPORTANTE CÓMO ESTUDIAMOS.

Que quede grabado

A los psicólogos les interesa mucho la forma en que aprendemos y cómo funciona la memoria. Hermann Ebbinghaus, un pionero de la psicología del siglo XIX, estudió la memoria y comprobó que cuanto más tiempo y con mayor frecuencia memorizamos algo, mejor lo recordamos. Esto confirmaba la idea de que para aprender bien tenemos que estudiar mucho y a menudo. Un siglo más tarde, los conductistas opinaron que aprendemos por la experiencia y que cuando hacemos algo que recibe una recompensa, lo recordamos y podemos repetirlo. Algunos de los conductistas, entre ellos Edward Thorndike y B.F. Skinner, también destacaron la importancia de reforzar el aprendizaje con la repetición, es decir, volver sobre lo aprendido para que quede grabado. Pero, a diferencia de Ebbinghaus, Skinner subrayó que tenía que haber algún tipo de recompensa para cada repetición con éxito. Inventó una «máquina de enseñar» que proporcionaba información a los alumnos en forma de elogios por cada respuesta correcta, pero que les pedía que repitieran lo que habían respondido incorrectamente.

Comprender para aprender

Ebbinghaus comprendió que para aprender bien algo no basta con repetirlo. Descubrió que recordamos las cosas mucho mejor si tienen significado o importancia para nosotros. Los

EL ARTE DE PLANTEAR PREGUNTAS QUE DEN QUÉ PENSAR ES IGUAL DE IMPORTANTE QUE EL ARTE DE DAR RESPUESTAS CLARAS.

JEROME BRUNER

EDUCAN

MEJOR POR LA EXPERIENCIA PRÁCTICA.

Véanse también: 16-17, 56-57, 58-59

⊖ Aprendizaje «práctico»

En la educación, los niños de diferentes edades tienen necesidades distintas. Jean Piaget subrayó la importancia de la experiencia práctica: por ejemplo hacer un experimento o construir un modelo.

CUCÚ

Según Piaget, los niños solo pueden aprender cosas de acuerdo con la etapa de su desarrollo. En un estudio mostró a un niño un juguete que después escondió bajo un paño mientras el niño miraba. Descubrió que los bebés de más de ocho meses sabían buscar el juguete bajo el paño, pero que los de menos edad no comprendían que el juguete seguía ahí pero que estaba oculto a la vista.

psicólogos posteriores retomaron esta idea y la abordaron desde el punto de vista de lo que sucede en nuestra mente a medida que aprendemos y no de cómo se puede hacer para que quede grabado en la memoria. Desde que Ebbinghaus demostró que recordamos mejor las cosas si significan algo, los psicólogos han sostenido que aprendemos al tratar de darle sentido a esas cosas. Wolfgang Köhler afirmó que nos hacemos una idea de cómo funcionan las cosas al tratar de resolver problemas. Edward Tolman fue más allá y sostuvo que cada uno de nosotros traza un «mapa» mental del mundo a partir de las ideas que aprende. Al combinar estas ideas con la noción de la mente como procesadora de información, Jerome Bruner probó que aprender no es introducir información en nuestra memoria, sino un proceso de pensamiento y razonamiento. Para aprender bien algo, primero tenemos que entenderlo.

Para aprenderlo, hazlo

Piaget enfocó la idea del aprendizaje desde otro ángulo: lo planteó según las etapas de desarrollo mental que había observado en los niños. El aprendizaje infantil, afirmó, es un proceso que

EL OBJETIVO DE LA EDUCACIÓN ES CREAR HOMBRES Y MUJERES QUE SEAN CAPACES DE HACER COSAS NUEVAS.
JEAN PIAGET

cambia para ajustarse a las limitaciones de cada etapa del desarrollo. Combinó ideas conductistas sobre el aprendizaje por ensayo y error, sobre todo en las primeras etapas, con la idea cognitiva de aprender dando sentido a lo que descubrimos. Más importante aún: insistió en que la educación debía centrarse en el niño, enfocarse en sus necesidades y capacidades individuales y que debía alentarles a usar su imaginación para explorar y comprender el mundo ellos solos. En las primeras etapas esto sería lo que llamamos «juego» (pero que para el niño es muy serio). Y a medida que el niño crece, es más fácil que aprenda por medio de la experiencia «práctica» y no de memoria a partir de lo que le dice el maestro o el libro.

IVÁN PÁVLOV

1849–1936

Nacido en Riazán (Rusia), Iván Pávlov comenzó a estudiar para ser sacerdote como su padre, pero abandonó el seminario y se trasladó a San Petersburgo a estudiar ciencia y cirugía. Fue profesor en la Academia Médica Militar y más adelante director del Instituto de Medicina Experimental. Aunque se le conoce mejor por ser un brillante fisiólogo, su trabajo sentó las bases de la psicología conductista.

LA CENA DEL PERRO

Iván Pávlov es famoso por sus experimentos con perros. Notó que los perros segregaban saliva ante la perspectiva de comer, y llamó a esto una respuesta no condicionada a un estímulo no condicionado. Si tañía una campana cada vez que daba de comer a los perros, estos luego salivaban al oír la campana. Este proceso de provocar una respuesta específica a un estímulo específico se llama condicionamiento clásico.

INVERTIR LAS RESPUESTAS

En experimentos posteriores, Pávlov demostró que el condicionamiento podía invertirse. Los perros a los que se había condicionado a salivar cuando tañía una campana, «desaprendían» esa respuesta si no se les daba comida. También demostró que se les podía condicionar a responder con miedo o ansiedad si el estímulo se asociaba a un castigo (una leve corriente eléctrica) en vez de una recompensa.

«La **visión** de una **comida sabrosa** hace **agua la boca** del hombre con hambre.»

CONDICIONES ESTRICTAS

Tanto los descubrimientos de Pávlov como los métodos que aplicaba influyeron a los psicólogos. Fiel a su formación como científico, Pávlov llevó a cabo sus experimentos en condiciones científicas estrictas. La psicología comenzaba a surgir como nueva disciplina a finales del siglo XIX, y al adoptar los criterios metódicos de Pávlov los psicólogos crearon la nueva ciencia de la psicología experimental.

Pávlov fue propuesto para el premio Nobel en cuatro años consecutivos y finalmente lo ganó en Fisiología y Medicina en 1904.

CRÍTICAS Y PROTESTAS

Pávlov era director del Instituto de Medicina Experimental cuando la Revolución Rusa derrocó al zar, estableciéndose la Unión Soviética comunista. Pese a que el nuevo gobierno tenía un alto concepto de él y siguió financiando su trabajo, Pávlov detestaba al régimen comunista, lo criticaba abiertamente y escribió numerosas cartas a los líderes soviéticos protestando por la persecución de los intelectuales rusos.

Vive y APRENDE

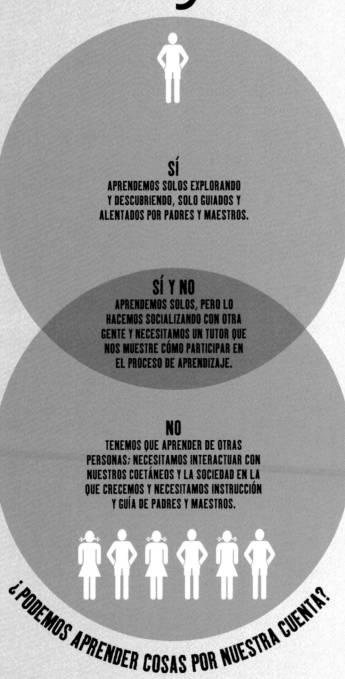

SÍ
APRENDEMOS SOLOS EXPLORANDO Y DESCUBRIENDO, SOLO GUIADOS Y ALENTADOS POR PADRES Y MAESTROS.

SÍ Y NO
APRENDEMOS SOLOS, PERO LO HACEMOS SOCIALIZANDO CON OTRA GENTE Y NECESITAMOS UN TUTOR QUE NOS MUESTRE CÓMO PARTICIPAR EN EL PROCESO DE APRENDIZAJE.

NO
TENEMOS QUE APRENDER DE OTRAS PERSONAS; NECESITAMOS INTERACTUAR CON NUESTROS COETÁNEOS Y LA SOCIEDAD EN LA QUE CRECEMOS Y NECESITAMOS INSTRUCCIÓN Y GUÍA DE PADRES Y MAESTROS.

¿PODEMOS APRENDER COSAS POR NUESTRA CUENTA?

ANTIGUAMENTE, LO OBVIO ERA QUE PADRES Y MAESTROS DIESEN INFORMACIÓN A LOS JÓVENES Y LES ENSEÑASEN A HACER LAS COSAS. SEGÚN LAS NUEVAS IDEAS, LOS NIÑOS APRENDEN CUANDO DESCUBREN COSAS ELLOS SOLOS. DESDE ENTONCES LOS PSICÓLOGOS SE PREGUNTAN CUÁNTO PODEMOS APRENDER POR NUESTRA CUENTA Y SI NECESITAMOS O NO QUE OTRAS PERSONAS NOS ENSEÑEN.

Jóvenes científicos

Jean Piaget fue uno de los primeros en cuestionar los papeles tradicionales de padres y maestros en la educación de los niños. Según Piaget, no deben tratar de imponer conocimientos y habilidades, sino alentarles a que aprendan solos. Pensaba que los niños necesitan explorar y ser creativos por sí mismos para aprehender el mundo que les rodea. Esta teoría se basaba en la idea de que aprender es un proceso personal, que cada niño experimenta a su manera. Creía que un niño es como un científico que hace experimentos para ver cómo funcionan las cosas, y que aprende al observar y comprender los resultados. Estas ideas influyeron e inspiraron la creación de sistemas educativos más centrados en los niños, en los que estos aprenden por medio de actividades prácticas y no de la observación pasiva.

Jugar en espacios verdes exteriores ayuda a los niños a desarrollar el talento creativo.

Jóvenes aprendices

Las teorías de Piaget fueron muy revolucionarias y no todos los psicólogos las aceptaron. Lev Vygotsky hizo hincapié en la importancia de otras personas en la educación infantil: creía que los maestros instruyen al guiar constantemente a los niños hacia qué aprender y cómo, en vez de dejar que lo descubran solos. Rechazó la imagen de los niños como científicos que descubren por su cuenta y ofreció la idea alternativa de los aprendices, que aprenden de las demás personas. Aunque es cierto que descubrimos cosas solos, según Vygotsky el aprendizaje es un proceso interactivo. Absorbemos conocimientos y valores de padres y maestros y de la cultura general. Luego aprendemos a usar esos conocimientos, y lo que hemos aprendido solos, en experiencias con nuestros coetáneos. A finales del siglo xx, la reactualización de estas ideas hizo que la enseñanza centrada en el niño pasase a centrarse en el plan de estudios, en que las lecciones siguen orientaciones establecidas.

Un poco de cada cosa

Aparentemente las teorías de Piaget y Vygorsky se oponen, pero para ambos el aprendizaje es un proceso en el que los niños participan activamente, idea que le pareció atractiva al psicólogo cognitivo Jerome Bruner. Coincidía con Piaget en

> # INSTRUIR A ALGUIEN... ES ENSEÑARLE A PARTICIPAR EN EL PROCESO.
> **JEROME BRUNER**

que no hay que enseñar de forma tradicional, sino que el conocimiento se debe adquirir por la exploración y el descubrimiento y que el aprendizaje es un proceso en el que cada niño debe experimentar por su cuenta. Pero también creía, al igual que Vygotsky, que es un proceso social y no una tarea solitaria. Para aprender tenemos que hallar el sentido de las cosas por medio de la experiencia «práctica», y el hacerlo junto a otros ayuda a ese proceso. Para Bruner, el papel del instructor (uno de los padres o un maestro) es vital: no decir ni mostrar al niño lo que necesita saber, sino guiarlo a través de la experiencia de aprender. Hoy, los educadores suelen aplicar un equilibrio similar entre las enseñanzas formal y práctica.

> Tras el ejercicio el cuerpo produce una sustancia química que hace que la mente absorba información.

Véanse también: 16–17, 20–21

DISPONER LOS MUEBLES

Se pidió a dos grupos de niños que colocasen muebles en las diferentes habitaciones de una casa de muñecas. En uno de los grupos se dejó que los niños trabajasen solos y en el otro lo hicieron con sus madres. Cuando se les pidió que repitieran la tarea ellos solos, los niños del segundo grupo lo hicieron mejor en su primer intento que los «solitarios».
Esto prueba que los niños aprenden mejor guiados por un adulto.

> # NOS CONVERTIMOS EN NOSOTROS MISMOS A TRAVÉS DE LOS DEMÁS.
> **LEV VYGOTSKY**

¿Por qué TE HAS

MIENTRAS CRECEMOS, NO SOLO APRENDEMOS CONOCIMIENTOS Y HABILIDADES, SINO TAMBIÉN CÓMO COMPORTARNOS EN LA VIDA DIARIA. ALGUNOS PSICÓLOGOS PIENSAN QUE NUESTRO COMPORTAMIENTO DEPENDE DE LA APROBACIÓN O DESAPROBACIÓN DE OTRAS PERSONAS, COMO PADRES Y MAESTROS; OTROS CREEN QUE IMITAMOS LO QUE VEMOS HACER A LOS DEMÁS.

LA GENTE IMITA LA CONDUCTA DE OTRA GENTE, LA BUENA Y LA MALA.

Recompensar el comportamiento

Los experimentos de los primeros psicólogos conductistas, como John B. Watson y Edward Thorndike, probaron que los animales —también las personas— se pueden condicionar para que hagan cosas y defendieron que nuestro comportamiento es resultado del estímulo y la respuesta, es decir, del «condicionamiento clásico». Un conductista posterior, B.F. Skinner, realizó estudios similares con ratas y palomas y demostró que es posible entrenarlas no solo para que hagan cosas, sino también para que no hagan otras. Usó el llamado «condicionamiento operante», en que se daba a los animales un refuerzo positivo (prefería este término a «recompensa»), como granos de pienso, cuando hacían bien una tarea, y un refuerzo negativo («penalización») como un choque eléctrico, cuando hacían algo que él estaba entrenándoles a

⊝ Aprender malos hábitos

Albert Bandura creía que aprendemos nuestra conducta al imitar a otros. Por ejemplo, si un niño oye que un adulto dice un taco, es posible que repita la palabra.

PORTADO así?

Adquirimos hábitos en casa: muchos niños ven televisión la misma cantidad de tiempo que sus padres.

no hacer. Skinner creía que podía utilizarse el condicionamiento operante para formar la conducta de los niños —por ejemplo, elogiando sus logros— pero no le gustaba la idea de castigar una conducta indeseable. Si bien la idea del condicionamiento operante explica cómo se nos puede enseñar a comportarnos de cierto modo, no siempre nos enseña por qué esa conducta es deseable o indeseable.

Dar ejemplo

Otros psicólogos afirmaron que nuestra conducta no la forma el modo en que los padres, los maestros y otros cuidadores nos recompensan o penalizan. Albert Bandura pensaba que aprendemos una conducta por el ejemplo: al ver cómo se comportan los demás, notamos que sus acciones siguen una pauta según las situaciones. Y suponemos que ese es el comportamiento normal para cada situación, lo que se conoce como «normas» sociales y culturales. Recordamos cómo se comportan y ensayamos esta conducta en la mente de manera que cuando nos encontramos en esa misma situación sabemos cómo reaccionar. Esta manera de «modelar» la conducta, observando e imitando a otras personas, fue la idea central de lo que Bandura llamó «teoría del aprendizaje social».

Adquirir prejuicios

Otro aspecto del aprendizaje social es imitar actitudes de otras personas. Esto puede ser bueno —al enseñarnos las

> ## EL COMPORTAMIENTO SE MOLDEA POR MEDIO DEL REFUERZO POSITIVO Y NEGATIVO.
> **B. F. SKINNER**

creencias que conforman nuestra cultura—, pero también tiene su lado negativo. En muchas sociedades las actitudes incluyen prejuicios como el racismo. El matrimonio de psicólogos Kenneth y Mamie Clark estudió en 1940 la manera en que aprendían actitudes los niños afroamericanos segregados y los niños blancos. A ambos grupos se les dio una muñeca blanca y una negra y se les preguntó cuál preferían. La mayoría de los niños, tanto blancos como negros, eligió la muñeca blanca, lo que indicaba que en sus respectivas comunidades habían aprendido que la gente negra era inferior a la blanca, incluso cuando, en el caso de los niños negros, este prejuicio iba en contra de ellos.

Véanse también: 18–19, 28–29

PEGAR A LOS MUÑECOS

En un experimento de Albert Bandura, unos niños vieron que los adultos agredían a un tentetieso. Otro grupo de niños vio a adultos que no le hacían nada al muñeco y otro grupo de control no vio a ningún adulto con el muñeco. Cuando los dejaron solos con el juguete, los niños que habían visto la agresión también actuaron con violencia, lo cual no hicieron los demás. Esto confirmó la opinión de Bandura de que aprendemos a comportarnos por imitación.

¿Sabes qué está

APRENDER LA DIFERENCIA ENTRE COMPORTARSE BIEN Y MAL ES PARTE IMPORTANTE DEL CRECIMIENTO. LOS CONDUCTISTAS CREÍAN QUE LAS RECOMPENSAS Y LAS PENALIZACIONES CONDICIONAN LOS ACTOS BUENOS Y MALOS, PERO PSICÓLOGOS POSTERIORES DIJERON QUE EL BIEN Y EL MAL SE APRENDEN EN ETAPAS CONCRETAS.

> Los estudios han demostrado que el 60% de la gente miente al menos una vez durante una conversación de 10 minutos.

Enseñanza de la moral

Durante mucho tiempo se creyó que la enseñanza determina el desarrollo moral de los niños —aprender el bien y el mal—. Los psicólogos conductistas pensaban que la conducta moral se forma por condicionamiento. Por la teoría del estímulo y la respuesta creían que la buena conducta se condiciona por las recompensas y la mala se disuade con penalizaciones. Pero otros señalaron que la mayoría de las personas no ha cometido un delito grave por el que se le haya castigado y, sin embargo, saben

> ## LA MORAL SE DESARROLLA EN SEIS ETAPAS.
> LAWRENCE KOHLBERG

moral. Entrevistó a niños de diferentes edades y les preguntó qué pensaban sobre las acciones moralmente malas como robar y mentir y les observó jugar juntos. Como ocurre con su desarrollo psicológico en general, averiguó que los niños aprenden el sentido de la moral por etapas. Y así como pensaba que aprenden mejor al explorar el mundo por su cuenta, y no guiándose por las instrucciones de un maestro, dijo que los niños adquieren ellos solos sus ideas del bien y del mal, de lo justo y lo injusto, a través de sus relaciones con otros de la misma edad. En sus juegos los niños dictan reglas que reflejan sus descubrimientos sobre la justicia, la igualdad y la reciprocidad («toma y daca»), lejos de maestros, padres y otras autoridades.

> ## EL MÁS SENCILLO JUEGO SOCIAL CONTIENE REGLAS ELABORADAS POR EL NIÑO MISMO.
> JEAN PIAGET

que matar, por ejemplo, está mal. Y a pesar de que psicólogos como Bandura arguyeron que aprendemos por imitación, los niños que juegan a videojuegos agresivos, por lo general, no cometen delitos porque saben que está mal.

Las reglas del juego

Gran parte del estudio de Jean Piaget sobre los niños se centró en su desarrollo

En la dirección correcta

Unos 25 años después de la teoría de Piaget sobre el desarrollo de la moral, Lawrence Kohlberg la llevó un paso más allá. Concedió que adquirimos el sentido moral por etapas, pero pensaba que las figuras de autoridad y la sociedad en general sí que influyen: el sentido de

BIEN y qué está MAL?

¿Bueno o malo? ➋

Los psicólogos creen que no nacemos sabiendo lo que está bien y lo que está mal, pero que lo aprendemos al crecer. Aun así, la línea entre el bien y el mal no está claramente definida.

BIEN

MAL

¿QUÉ TE DICE TU BRÚJULA MORAL?

Véanse también: 16–17, 18–19, 26–27

lo moral no proviene solo del niño. También creía que la moralidad sigue desarrollándose hasta la adolescencia siguiendo una pauta de seis etapas bien diferenciadas. En la primera, al niño le preocupa evitar el castigo y en la segunda se da cuenta de que determinada conducta puede valerle una recompensa. En la tercera etapa trata de acomodarse a lo que piensa que se espera de él/ella (normas sociales) a fin de considerársele un niño o una niña «buenos». En la cuarta etapa reconoce que existen reglas que rigen una conducta establecida por las figuras de autoridad como los padres. Ya en la adolescencia, comienza a comprender los motivos de esas reglas y normas sociales, y cómo su comportamiento afecta a otras personas. Y en la etapa final adquiere un sentido moral basado en los principios de justicia, igualdad y reciprocidad.

JUICIO ROTUNDO

En un estudio sobre desarrollo moral unos niños miraban una obra de títeres. Se pasaba una pelota a un títere y este la devolvía, luego se la pasaba a otro y este se iba corriendo con la pelota. Luego se puso a cada títere al lado de una pila de golosinas y se dijo a los niños que cogieran un dulce de una de las pilas. La mayoría lo cogió de la pila del títere «malo», e incluso un niño de un año dio una bofetada al muñeco.

MARY AINSWORTH

1913–1999

Mary Ainsworth es conocida por su obra sobre el desarrollo de los niños y especialmente por las relaciones materno-filiales. Nació en Ohio (EE UU), pero se crió en Canadá y estudió psicología en la Universidad de Toronto. En 1950 se trasladó a Londres con su marido, el psicólogo británico Leonard Ainsworth, y trabajó con John Bowlby en la clínica Tavistock. Volvió a EE UU en 1956 para enseñar en las Universidades Johns Hopkins y Virginia.

RECLUTAR TALENTO

Durante la Segunda Guerra Mundial, Ainsworth sirvió en el Cuerpo Femenino del Ejército canadiense y llegó al rango de mayor. Entrevistaba a soldados para seleccionar a los candidatos a oficiales. Esto le dio enorme experiencia en las técnicas de entrevistar, elaborar registros e interpretar resultados, pero también le despertó interés por la psicología del desarrollo de la personalidad.

TIEMPO EN ÁFRICA

En la década de 1950 Mary pasó algunos años en Uganda estudiando las relaciones entre madres y niños pequeños en las sociedades tribales. Durante nueve meses entrevistó periódicamente a las madres con bebés de entre un mes y dos años. Fue aquí donde surgieron sus ideas acerca de los vínculos y los apegos, y especialmente la importancia de la sensibilidad de la madre a las necesidades de su hijo.

Era experta en las pruebas de Rorschach, método de evaluar la personalidad a partir de lo que la gente ve en manchas de tinta.

EXPERIMENTO DE LA SITUACIÓN EXTRAÑA

En 1969 Ainsworth realizó un experimento —más tarde denominado de la «Situación extraña»— para estudiar los diferentes tipos de apego entre un niño y su madre. Observó las reacciones de un niño de un año en una habitación con juguetes, primero con su madre, después con ella y un extraño, luego solo con ese extraño y finalmente al regresar su madre. Cada niño reaccionó de forma diversa según la fuerza de la relación madre-hijo.

«El **apego** es un lazo afectivo que **une** una persona a otra en el espacio y que **dura** en el tiempo.»

MAMIS QUE SE QUEDAN EN CASA

Ainsworth subrayó lo importante que es para el niño apegarse con seguridad a un cuidador, pero no creía que para ello las madres debieran sacrificar sus carreras. Pensaba que podían combinar trabajo y atención de los hijos en vez de convertirse en una «mami que se queda en casa». También veía la necesidad de investigar más el papel de los papás y la importancia del vínculo entre padre e hijo.

TU EDAD SUBJETIVA ES LA EDAD QUE SIENTES QUE TIENES. LA MAYORÍA SE SIENTE MÁS JOVEN DE LO QUE ES.

TU EDAD SOCIAL REFLEJA LAS ACTIVIDADES QUE TE GUSTAN, ASÍ COMO TUS OPINIONES Y ACTITUDES.

¿Demasiado

AL HACERNOS MAYORES PASAMOS POR VARIAS ETAPAS DE DESARROLLO. AL ACABAR LA VIDA LABORAL, ALREDEDOR DE LOS 65 AÑOS, ENTRAMOS EN UNA ÚLTIMA ETAPA QUE HOY EN DÍA PUEDE DURAR 30 AÑOS O MÁS. SE SUELE PENSAR EN LA «VEJEZ» COMO EN UN PERIODO DE DECLINACIÓN, PERO TAMBIÉN PUEDE SER UNA ÉPOCA DE CAMBIO Y DE NUEVOS INTERESES.

> HA HABIDO UN **PASADO** Y HABRÁ UN **FUTURO**, PERO ES **AHORA** CUANDO ESTAMOS AQUÍ.
> ROBERT KASTENBAUM

El problema de la vejez

Para Erik Erikson la vejez era la última de sus ocho etapas de desarrollo, una época para tomar las cosas con calma y rememorar las primeras etapas de la vida. Pero desde que publicó esta idea, en la década de 1950, las actitudes hacia la vejez han cambiado. Ahora mucha gente vive bastantes años después de jubilarse, así que este periodo se considera de desarrollo adicional. Lamentablemente, no todos tienen la oportunidad de seguir desarrollándose a estas alturas: a veces las disminuciones físicas no nos dejan emprender o continuar ciertas actividades. También algunos problemas físicos que se presentan a esas edades afectan más directamente a nuestras capacidades psicológicas. Así, un ictus puede lesionar el cerebro y causar dificultades mentales y físicas. Y también hay enfermedades neurodegenerativas (que dañan el cerebro o el sistema nervioso) que se asocian a la vejez, como el Parkinson y el Alzheimer.

Más viejo y más sabio

En la vejez podemos tener menos capacidad física pero no necesariamente se deteriora la capacidad mental. Edward Thorndike creía que, a menos que

LA EDAD SE PUEDE MEDIR DE DIFERENTES MANERAS.

← Mis edades

Según el psicólogo Robert Kastenbaum, todos tenemos tres edades distintas además de la cronológica. La mayoría de la gente «mayor» cree verse más vieja, pero se siente más joven de lo que realmente es.

TU EDAD BIOLÓGICA REFLEJA LO VIEJO QUE CREES ESTAR, Y LO VIEJO QUE PIENSAS QUE OTRA GENTE CREE QUE ESTÁS.

La población mundial envejece: la proporción de personas de más de 60 años se duplicará en los próximos 50 años.

Véanse también: 16–17, 42–43

TARDE?

exista alguna enfermedad neurodegenerativa, la memoria muestra poco deterioro con la edad y los ancianos pueden aprender casi tan bien como los jóvenes, aunque no con tanta rapidez. También la inteligencia queda relativamente intacta. Si bien la capacidad de resolver problemas nuevos puede debilitarse, los conocimientos y la sabiduría incluso aumentan. Así pues, los años de jubilación pueden ser el momento perfecto para emprender nuevos intereses, en especial los que requieren actividad intelectual. Estas actividades quizá no prevengan el deterioro mental, pero sí mejoran la calidad de vida.

Tienes la edad que sientes

Aun cuando solemos pensar que la gente que pasa de cierta edad es «vieja», la vejez tiene etapas y la actitud de la gente hacia su propia edad afecta al modo en que vive. El psicólogo Robert Kastenbaum utilizó un cuestionario titulado «Mis edades» para mostrar que la edad se mide de distintas formas. Junto con la real, cronológica de los participantes,

KÁRATE KIDS

En un estudio alemán se entrenó de diversas maneras a un grupo de personas de 67 a 93 años. Algunos hicieron ejercicios solo mentales, otros únicamente físicos y un tercer grupo aprendió kárate. Varios meses más tarde descubrieron que la combinación de entrenamiento físico y mental del kárate aumentaba de modo considerable el bienestar emocional y la calidad de vida de los participantes.

les preguntó qué edad pensaban que representaba su cuerpo ante ellos mismos y ante los demás (la edad biológica). También les preguntó qué edad le pondrían a sus actividades, pensamientos, opiniones y actitudes (la edad social), y qué edad sentían muy dentro de sí (la edad subjetiva). Como se esperaba, la mayoría se sentía más joven que su edad real.

MIRA QUIÉN HABLA

Los bebés balbucean imitando a sus padres a las pocas semanas de nacer. También comienzan a reconocer las voces muy pronto y prefieren las de sus padres a otras. Por esta razón es tan importante que los padres hablen a sus bebés.

APRENDIZAJE PRÁCTICO

Los psicólogos del desarrollo afirman que los niños aprenden mejor al utilizar libremente su imaginación. Las escuelas Montessori siguen esta premisa y alientan a los alumnos a que aprendan individualmente por medio de actividades prácticas y conversaciones con sus iguales, en vez de recibir enseñanzas de maestros.

Psicología del desarrollo en el

MUNDO REAL

CONDUCTAS SUPERSTICIOSAS

Algunos conductistas creen que el refuerzo accidental de una respuesta puede causar una conducta supersticiosa. Si, por ejemplo, marcas muchos goles cada vez que llevas unos calcetines determinados, puede que empieces a relacionar esos calcetines con jugar bien e insistas en llevarlos en todos los partidos.

MAYOR Y MÁS SABIO

Es verdad que sabemos más a medida que crecemos. La capacidad de tomar buenas decisiones mejora con el tiempo. Los lóbulos frontales del cerebro, responsables de las decisiones, siguen desarrollándose hasta que llegamos a la veintena. Si no estás seguro de qué hacer, pide consejo a tus padres o a un profesor.

Hay fabricantes de cochecitos infantiles que venden modelos en que el niño va de cara a la madre, debido a investigaciones psicológicas que demostraron la importancia de la comunicación padres-hijo para aliviar el estrés infantil. Si ven a su madre/padre se sienten seguros y es menos probable que se estresen.

SENTIRSE SEGUROS

HOGARES DESDICHADOS

Los psicólogos saben que un mal ambiente en casa puede dañar el desarrollo emocional del niño, causar fracaso escolar y conductas antisociales que a veces se prolongan hasta la edad adulta. Los programas de rehabilitación de delincuentes juveniles suelen centrarse en sus hogares para evitar que vuelvan a delinquir.

A medida que crecemos cambian nuestra conducta y nuestras habilidades. Los psicólogos del desarrollo estudian las etapas que cubrimos y qué influye en nuestro desarrollo. Sus estudios han sido vitales para la puericultura y la educación, y explican ciertas conductas asociadas a problemas de los primeros años.

RECUERDOS DISTANTES

La mayoría de la gente no recuerda nada anterior a sus tres años. Quizá sea porque la forma en que grabamos y recuperamos los recuerdos cambia a esa edad. Aun así, estos primeros años —cuando nos vinculamos con los que nos atienden— son cruciales para el desarrollo, y esas experiencias pueden durar mucho tiempo.

MALA INFLUENCIA

Algunos psicólogos opinan que las películas y los videojuegos violentos vuelven agresivos a los niños. Aunque carecemos de pruebas contundentes sobre este fenómeno, la inquietud ha causado que esos juegos y películas se clasifiquen por edades (por ejemplo: TP, 12, 18) como precaución.

¿Qué hace mi CEREBRO?

¿Tu MENTE es diferente de tu CEREBRO?

¿Qué pasa en tu CEREBRO?

¿Qué nos dice una LESIÓN CEREBRAL?

¿Qué es la CONCIENCIA?

Sigue SOÑANDO...

La psicología biológica o biopsicología combina el estudio físico del cerebro y el sistema nervioso —neurociencia— con la psicología. Los biopsicólogos emplean modernas técnicas de imagen para ver qué pasa en el cerebro y examinan cómo sus funciones y las del sistema nervioso influyen en los pensamientos, los sentimientos y la conducta.

¿Tu MENTE es

GRAN PARTE DE LA PSICOLOGÍA SE OCUPA DE CÓMO PENSAMOS Y NOS COMPORTAMOS, O SEA, DE LA MANERA EN QUE FUNCIONA LA MENTE. PERO LA ACTIVIDAD DE ESTA SUCEDE FÍSICAMENTE EN EL CEREBRO. EN EL SIGLO XX APARECIÓ UNA RAMA DE LA PSICOLOGÍA QUE ESTUDIA LA CONEXIÓN ENTRE LA BIOLOGÍA DEL CEREBRO Y LA CONDUCTA.

Mentes filosóficas

Hasta que apareció la neurociencia, la gente creía que la mente estaba separada del cuerpo. Esta idea proviene de los antiguos filósofos griegos y persistió, pese a los avances de la ciencia y la medicina, en las obras del filósofo del siglo XVII René Descartes. Los griegos creían que la mente es una especie de «alma» capaz de pensar, mientras el cerebro es puramente físico y existe para recibir información de los sentidos. Cuando la psicología emergió como ciencia, poco se sabía sobre el funcionamiento físico del cerebro y muchos de los primeros psicólogos provenían de la filosofía. Por eso, durante mucho tiempo, la psicología fue la ciencia de la mente y de la conducta, totalmente aparte de la neurociencia, que es el estudio biológico del cerebro.

Mente sobre materia

Hoy día, algunos psicólogos todavía piensan que la configuración física del cerebro no tiene mucho que ver con la comprensión del pensamiento y la conducta y que la mente tiene explicaciones para todo. Uno de los que apoyan esta teoría es el científico cognitivo estadounidense Jerry Fodor. En la década de 1980

MI MENTE CONTROLA MIS PENSAMIENTOS...

afirmó que la mente está formada por diversas partes o «módulos», cada uno con su propia función: recuperar recuerdos o articular el habla. La idea no era totalmente nueva: un siglo antes hubo una seudociencia denominada frenología que dividía la mente en 27 módulos especializados, cada uno asociado a una zona del cerebro. Pero en la teoría de módulos de Fodor las facultades mentales no se asocian a sitios específicos del cerebro y los módulos son independientes de su estructura biológica.

HAY UNA ENORME DIFERENCIA ENTRE MENTE Y CUERPO.

RENÉ DESCARTES

Los frenólogos decían que medían la inteligencia y la personalidad por el tamaño de las protuberancias de la cabeza.

diferente de tu CEREBRO?

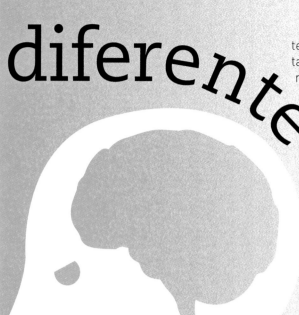

tecnologías de exploración también permiten observar y medir la actividad cerebral: por ejemplo, la electroencefalografía (EEG) detecta las señales eléctricas y la resonancia magnética nuclear funcional (RMNf) mide el flujo de sangre en diferentes zonas cerebrales. Estos escáneres permiten que neurocientíficos y psicólogos observen qué zonas del cerebro se asocian a diferentes comportamientos. Con todo, también han mostrado que la actividad cerebral es más compleja de lo que se pensaba y que las funciones de la mente no se corresponden tan sencillamente a zonas específicas del cerebro. Algunos patrones de actividad cerebral sí se pueden relacionar con diferentes estados mentales, lo que cuestiona la idea de que la mente es una entidad totalmente separada. Así y todo, el «enfoque del cerebro» aún no ha explicado satisfactoriamente por qué nos comportamos como lo hacemos.

cuando estás despierto, el cerebro genera la energía para encender una bombilla.

...PERO MI CEREBRO CONTROLA MI MENTE.

El poder del cerebro

Los avances de la neurociencia permitieron a los científicos estudiar las estructuras del sistema nervioso y también lo que pasa cuando se lesionan partes del cerebro. El resultado fue que lograron asociar determinadas zonas con facultades mentales concretas. La biopsicología —el «enfoque del cerebro» por oposición al «enfoque de la mente»— surgió poco a poco para examinar la relación entre las funciones físicas del cerebro y la conducta. Las modernas

ESCÁNERES SEDUCTORES

Un estudio de Deena Weisberg realizado en 2008 demostró que es más probable que los no científicos se crean las explicaciones erróneas de fenómenos psicológicos si van acompañadas de información neurocientífica e imágenes de RMNf. Esto ha hecho temer la exhibición de pruebas neurocientíficas a los jurados de los juicios criminales.

SOMOS NUESTROS CEREBROS.

SUSAN GREENFIELD

¿Qué pasa en tu CEREBRO?

NUESTRO SISTEMA NERVIOSO SE COMPONE DE CÉLULAS LLAMADAS NEURONAS, QUE SE COMUNICAN ENTRE SÍ TRANSMITIENDO SEÑALES QUÍMICAS Y ELÉCTRICAS POR TODO EL CEREBRO. LAS TÉCNICAS MODERNAS DE ESCANEO CEREBRAL NOS PERMITEN MEDIR Y OBSERVAR ESTAS SEÑALES INDIRECTAMENTE Y SABER CÓMO SE RELACIONAN CON LAS FUNCIONES Y LOS PROCESOS MENTALES.

Envío de señales

Uno de los primeros estudiosos de las neuronas fue el científico italiano del siglo xix Camillo Golgi. Inventó un método para teñirlas, lo que le permitía ver las vías de señalización entre ellas. Santiago Ramón y Cajal continuó el trabajo de Golgi y probó que las neuronas no están realmente conectadas, sino que se comunican entre sí por medio de una estructura denominada sinapsis: cada neurona «dispara» una señal química o eléctrica que activa una neurona vecina. Así viaja la información a lo largo de una cadena neuronal formando una vía entre el cerebro y otras partes del organismo. Las neuronas sensoriales (receptoras) transmiten información de lo que palpamos, vemos, oímos, saboreamos y olemos por el sistema nervioso hasta el cerebro, y las neuronas motoras (efectoras) llevan esa información desde el cerebro hasta otros

sitios del cuerpo como los músculos. Algunas drogas, como el alcohol, alteran la naturaleza de este proceso comunicante, que se conoce como transmisión sináptica.

Rutas conocidas

Además de enviar señales al cerebro y desde él, las neuronas se comunican para formar vías dentro

LAS VÍAS NEURALES DEL CEREBRO SE REDIRIGEN CONSTANTEMENTE.

del cerebro. Las estructuras de esas conexiones se asocian a diferentes funciones cerebrales como pensar y moverse. El neuropsicólogo canadiense Donald Hebb descubrió que cuando hacemos algo una y otra vez, la comunicación entre las neuronas se repite reforzando los vínculos entre ellas. Así, es más fácil que en el futuro las células se comuniquen entre sí por la misma vía. De este modo el cerebro ha «aprendido» las conexiones neurales de esa actividad o función cerebral en especial. Hebb llamó «grupos» a estas estructuras de actividad cerebral, que guardan con eficacia la información necesaria para que el cerebro desempeñe diversas funciones. No se trata de simples líneas de comunicación a lo largo de una única línea de neuronas sino que pueden ser estructuras complejas de vías neurales interconectadas. De esta manera, cuanto más a menudo experimentamos cosas diferentes al mismo tiempo, como ver una película concreta con un amigo determinado, más fuerte se hace el vínculo entre las dos vías del grupo y en nuestra mente las dos ideas van asociadas. Según Hebb, así es como se guarda la información en la memoria a largo plazo.

LAS NEURONAS QUE DISPARAN JUNTAS, ACABAN JUNTAS.
DONALD HEBB

> ES LA ASOMBROSA **MARAÑA** QUE TENEMOS DENTRO DE LA CABEZA LO QUE NOS HACE LO QUE **SOMOS**.
> COLIN BLAKEMORE

LA AFINACIÓN DEL PIANO

Para analizar la actividad cerebral se pidió a voluntarios que practicasen un ejercicio de piano dos horas cada día durante cinco días. Las pruebas demostraron que las vías neurales de sus cerebros se habían «reorganizado» para dar más espacio a las conexiones utilizadas para tocar el ejercicio. Se pidió a otros participantes que no practicasen pero que ensayasen el ejercicio mentalmente y los cerebros de estos mostraron el mismo tipo de reorganización.

Cambio de carriles

La tecnología de escaneo cerebral permite a los neurocientíficos analizar con más precisión la transmisión sináptica. Colin Blakemore demostró que, aunque determinadas pautas de actividad corresponden a distintas funciones cerebrales, estas no son permanentes. Con el tiempo, al hacer cosas diferentes y vivir vidas distintas en variadas circunstancias, las vías neurales se van adaptando en un proceso llamado plasticidad cerebral o neuroplasticidad. Las neuronas se comunican con otras células vecinas y forman nuevas vías como respuesta a los cambios de conducta o de entorno. Hasta pueden formar pautas nuevas para reemplazar a las existentes, como en una lesión cerebral.

si las células y las fibras del cerebro humano se pusieran una después de la otra, llegarían a la Luna y volverían.

Véanse también: 46-47, 64-65

¿Qué nos dice una

CADA SEGUNDO, MILES DE SEÑALES PASAN DE NEURONA A NEURONA EN EL CEREBRO. ESTA ACTIVIDAD ELECTROQUÍMICA SE ACELERA EN DIFERENTES ZONAS CEREBRALES, SEGÚN LO QUE ESTEMOS HACIENDO O PENSANDO. CUANDO SE LESIONA UNA PARTE DEL CEREBRO, SE PUEDEN VER AFECTADAS FUNCIONES MENTALES CONCRETAS DE MANERA REVELADORA.

> SI SE **LESIONAN** DETERMINADAS PARTES DEL CEREBRO, **OTRAS PARTES SON CAPACES DE ASUMIR** EL PAPEL DE LA PARTE LESIONADA.
>
> KARL LASHLEY

Incapacidad de hablar

A mediados del siglo XIX, el médico francés Paul Broca tenía un paciente apodado «Tan Tan» que había perdido la capacidad de decir todo, excepto «tan». Cuando murió, Broca disecó su cerebro y halló una malformación parcial en el lóbulo frontal, de la que dedujo que esa zona debía de estar relacionada con el habla. Pocos años después, Carl Wernicke descubrió que una lesión en otra zona del cerebro afecta a la comprensión del lenguaje. Estos hallazgos marcaron un punto de inflexión en el estudio del cerebro y demostraron

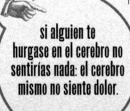

si alguien te hurgase en el cerebro no sentirías nada: el cerebro mismo no siente dolor.

que los cerebros lesionados pueden decir mucho acerca de su estructura y cómo afecta a la conducta.

¿Qué sucede dónde?

Las modernas técnicas de escaneo como la RMNf y la tomografía computarizada permiten observar qué partes del cerebro están activas cuando se realizan según qué cosas. Así como Broca y Wernicke descubrieron las zonas relacionadas con el lenguaje, los neurocientíficos han «mapeado» otras zonas del cerebro y sus funciones. Pero no todas nuestras funciones mentales se localizan así. Por ejemplo, en la memoria a largo plazo participan zonas de todo el cerebro. Hay un caso famoso, el del paciente epiléptico «HM», al que en 1953 se le extirparon quirúrgicamente partes del cerebro. La operación consiguió controlar la epilepsia pero le afectó gravemente a la memoria: recordaba cómo hacer las cosas pero no era capaz de recordar acontecimientos. Si bien HM fue muy estudiado hasta su muerte en 2008, se descubrió que su cerebro había quedado más lesionado por la operación de lo que se creía, y era difícil saber cuál de las partes eliminadas en la operación era la responsable de sus problemas de memoria. Sin embargo, no siempre la lesión cerebral tiene un efecto duradero. Según Karl Lashley, psicólogo estadounidense, algunas funciones no solo abarcan varias zonas cerebrales,

PHINEAS GAGE

En 1848, al obrero ferroviario estadounidense Phineas Gage se le clavó en la cabeza una varilla de hierro que lesionó gran parte de su lóbulo frontal. Gage sobrevivió pero su conducta y personalidad cambiaron. Este fue uno de los primeros casos que indicaron que hay funciones, como la personalidad, que se localizan en zonas concretas del cerebro.

LESIÓN CEREBRAL?

sino que cuando ciertas zonas están lesionadas es posible que otras partes del cerebro asuman sus funciones. Esto tal vez explique por qué algunos pacientes de ictus que han perdido capacidades como la del habla las recuperan con rehabilitación.

El cerebro tiene dos mitades

También fue revelador estudiar el impacto de otros procedimientos quirúrgicos. El cerebro está formado por dos mitades distintas pero conectadas, los hemisferios derecho e izquierdo. Roger Sperry descubrió que separar quirúrgicamente las dos mitades (otro tratamiento para la epilepsia) causaba efectos secundarios interesantes. En

experimentos con pacientes con hemisferios separados, Sperry comprobó que lo que ve el ojo izquierdo lo procesa el hemisferio derecho y viceversa. Muchos pacientes no podían nombrar objetos que habían sido procesados por el lado derecho del cerebro, pero sí los procesados por el izquierdo. Basándose en estos estudios, Sperry señaló que el lenguaje está controlado por el lado izquierdo y que el derecho tiene otras capacidades.

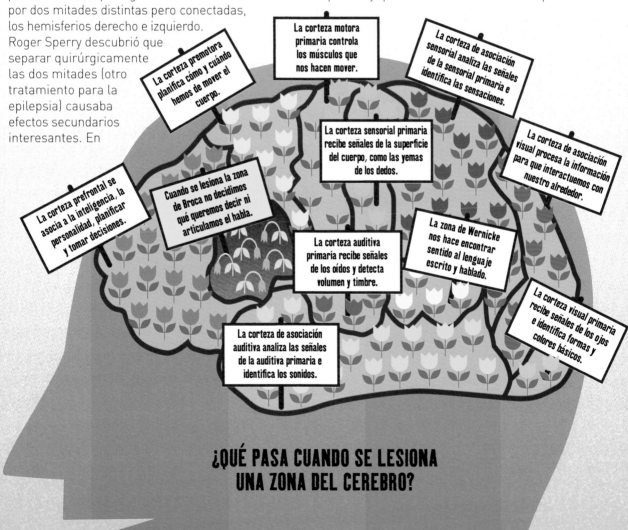

La corteza premotora planifica cómo y cuándo hemos de mover el cuerpo.

La corteza motora primaria controla los músculos que nos hacen mover.

La corteza de asociación sensorial analiza las señales de la sensorial primaria e identifica las sensaciones.

La corteza sensorial primaria recibe señales de la superficie del cuerpo, como las yemas de los dedos.

La corteza de asociación visual procesa la información para que interactuemos con nuestro alrededor.

La corteza prefrontal se asocia a la inteligencia, la personalidad, planificar y tomar decisiones.

Cuando se lesiona la zona de Broca no decidimos ni qué queremos decir ni articulamos el habla.

La corteza auditiva primaria recibe señales de los oídos y detecta volumen y timbre.

La zona de Wernicke nos hace encontrar sentido al lenguaje escrito y hablado.

La corteza visual primaria recibe señales de los ojos e identifica formas y colores básicos.

La corteza de asociación auditiva analiza las señales de la auditiva primaria e identifica los sonidos.

¿QUÉ PASA CUANDO SE LESIONA UNA ZONA DEL CEREBRO?

SANTIAGO RAMÓN Y CAJAL

1852–1934

Santiago Ramón y Cajal, uno de los pioneros de las neurociencias, nació en Navarra (España). De niño se metía a menudo en problemas por su conducta rebelde, hasta que ingresó en la facultad de medicina de la Universidad de Zaragoza, donde su padre enseñaba anatomía. Tras un tiempo en el ejército, como oficial médico, estudió la estructura del sistema nervioso y su obra fue clave para el desarrollo de la biopsicología.

EL NOMBRE DE LAS NEURONAS

Llamado con frecuencia «padre de las neurociencias», Ramón y Cajal fue el primero en describir las células que hoy llamamos neuronas. También demostró que esas células se comunican entre sí y transmiten información a diversas zonas del cerebro. En 1906 obtuvo el premio Nobel de Fisiología y Medicina (junto con Camillo Golgi) por su trabajo con las neuronas.

A los 11 años Ramón y Cajal terminó en la cárcel por destrozar la puerta de su vecino con un cañón de elaboración casera.

«El **cerebro es un mundo** formado por una cantidad de **continentes inexplorados** y grandes extensiones de **territorio desconocido**.»

EL ARTISTA TALENTOSO

Desde la infancia, Ramón y Cajal demostró talento para pintar y dibujar, y esto fue muy útil en su posterior trabajo como neurocientífico. Estudió las neuronas antes de que se inventaran la microfotografía y los métodos por imagen, e hizo cientos de dibujos sumamente detallados para dejar constancia de lo que veía por el microscopio. Esos dibujos aún ilustran libros de texto modernos.

INVESTIGAR LO INEXPLICADO

Además de la fisiología del cerebro y del sistema nervioso, a Ramón y Cajal le interesaban las cosas que la ciencia no era capaz de explicar fácilmente, por ejemplo cómo se produce la hipnosis, que él mismo aplicó a su esposa cuando estaba dando a luz. Escribió un libro sobre hipnosis y temas paranormales, que por desgracia se perdió después de su muerte, durante la Guerra Civil española.

ALIAS DR. BACTERIA

También fue un prolífico escritor: junto con sus más de cien libros y artículos sobre temas científicos, como patología y el sistema nervioso, fue conocido por sus escritos satíricos en los que se burlaba de la sociedad y los políticos españoles de su tiempo. En 1905 publicó una colección de cuentos de ciencia ficción bajo el seudónimo de Dr. Bacteria.

¿Qué es

TODOS SABEMOS LO QUE ES SER CONSCIENTES: DARNOS CUENTA DE NOSOTROS MISMOS Y DEL MUNDO QUE NOS RODEA. TAMBIÉN RECONOCEMOS VARIAS CLASES DE INCONSCIENCIA, COMO EL SUEÑO O LA ANESTESIA. AUN ASÍ, LOS PSICÓLOGOS SE ESFUERZAN POR EXPLICAR LA CONCIENCIA EN TÉRMINOS CIENTÍFICOS.

Flujos de pensamiento

Los primeros psicólogos, entre ellos William Wundt y William James, pensaban que el objetivo de la psicología era solo describir y explicar nuestra conducta consciente. Como la conciencia es una experiencia personal, la única manera en que podían examinarla era la introspección, es decir, observar lo que sucedía en sus propias mentes. Con este proceso, James observó que sus pensamientos conscientes cambiaban constantemente. Podía estar pensando o haciendo una cosa cuando le venía otra a la mente; en seguida ese pensamiento era reemplazado por otro y así de forma sucesiva. Pero también notó la manera en que esas experiencias parecían juntarse, fluyendo de un pensamiento al siguiente, y lo llamó «el flujo de la conciencia».

LA IMAGEN CONSCIENTE DE UNA MANZANA COMBINA MUCHAS ASOCIACIONES DE PENSAMIENTO

⬆ **Asociaciones de una manzana**
Cuando vemos una manzana, el cerebro no solo reconoce que es una manzana, sino que nos recuerda todo lo que asociamos a la palabra: desde pasteles a los dispositivos de alta tecnología. Según Giulio Tononi, este es un ejemplo de conciencia humana.

SABEMOS LO QUE SIGNIFICA «CONCIENCIA» SIEMPRE Y CUANDO NADIE NOS PIDA QUE LA DEFINAMOS.

WILLIAM JAMES

la CONCIENCIA?

Niveles de conciencia

¿Pero qué significa en realidad «conciencia»? Podría significar darnos cuenta de nuestras sensaciones o de lo que estamos haciendo y pensando. Después de todo, decimos que hacemos las cosas «conscientemente» para distinguirlas de las acciones automáticas que hacemos sin pensar. También puede significar, simplemente, estar despiertos y no dormidos, anestesiados o desmayados por un golpe en la cabeza. A Sigmund Freud también le fascinaba la conciencia. Pero en vez de tratar de explicar el hecho de estar conscientes, identificó tres niveles de conciencia: el consciente (aquello de lo que nos damos cuenta), el preconsciente (aquello de lo que nos obligamos a darnos cuenta) y el inconsciente (lo que hemos reprimido). Hoy día esta definición de Freud no se acepta universalmente, pero los diferentes grados de conciencia siguen interesando a los psicólogos.

Soluciones científicas

La neurociencia moderna opina que no hay diferencia clara entre conciencia e inconsciencia: incluso en coma, el cerebro continúa activo. Los neurocientíficos han observado actividad cerebral en diversos estados de conciencia, lo que impulsó a los biopsicólogos a sustituir las teorías introspectivas por explicaciones más científicas. El biólogo Francis Crick comparó la actividad del cerebro de

> TUS **ALEGRÍAS** Y PENAS, TUS **RECUERDOS** Y AMBICIONES, TU SENTIDO DE LA IDENTIDAD PERSONAL Y EL **LIBRE ALBEDRÍO**, EN REALIDAD NO SON MÁS QUE EL COMPORTAMIENTO DE UN ENORME **CONJUNTO DE NEURONAS.**
> FRANCIS CRICK

personas sanas con las que están en estado vegetativo persistente. Descubrió que en los cerebros conscientes hay más actividad en la zona conocida como corteza prefrontal que en el cerebro inconsciente y dedujo que es esta parte del cerebro la que se asocia a la conciencia. Una teoría más reciente, del neurocientífico Giulio Tononi, es que la conciencia es el resultado de la interconexión de estructuras en diversas partes del cerebro, que reúnen la información proveniente de los sentidos, los recuerdos y los pensamientos. Explicó esta idea con la analogía de una cámara que está tomando una fotografía a una manzana. La cámara recibe una imagen que se compone de muchos píxeles diferentes, pero trata a cada uno por separado y no ve la manzana como un todo. En cambio, el cerebro es capaz de establecer las conexiones entre los píxeles tanto para darnos una imagen de la manzana en la mente como para recordarnos todo lo que asociamos a la idea de esa fruta. Es decir, que lo que determina el nivel de conciencia no es solo la cantidad de actividad del cerebro, sino su grado de interconectividad.

> por la cantidad de señales que recibe y de movimientos que coordina, tu cerebro es más potente que una supercomputadora.

Véanse también: 40–41, 48–49, 50–51

VILAYANUR RAMACHANDRAN

n. 1951

El neurocientífico Vilayanur Ramachandran nació en Tamil Nadu (India). Su padre trabajaba para las Naciones Unidas, por lo que la familia se trasladaba con frecuencia y él estudió en Madrás y en Bangkok (Tailandia). Cursó medicina en Madrás y luego viajó a Inglaterra, doctorándose en la Universidad de Cambridge. Fue investigador en la de Oxford antes de establecerse en EE UU. Ahora enseña en el departamento de psicología de la Universidad de California.

VER COSAS

Ramachandran enfoca las neurociencias de forma poco ortodoxa. En lugar de ver el funcionamiento del cerebro con las modernas tecnologías por la imagen, trabaja a partir de experimentos y observaciones. Una de sus primeras investigaciones fue el modo en que el cerebro procesa la información visual, e inventó varios efectos visuales e ilusiones ópticas que ayudan a entender cómo percibimos lo que vemos.

MIEMBROS QUE FALTAN

Quizá por lo que Ramachandran es más conocido es por su trabajo sobre los «miembros fantasma»: cuando los amputados siguen percibiendo sensaciones de un miembro que ya no tienen. Para aliviar el malestar que suelen sentir, inventó una caja de espejos que refleja la imagen de un miembro existente para crear la ilusión de que se ha repuesto el amputado. Esto da al paciente una imagen visual que asociar a sus sensaciones.

«Cualquier **simio** puede alcanzar un **plátano**, pero solo los **seres humanos alcanzan las estrellas.**»

INVESTIGAR A IMPOSTORES

Una de las formas en que Ramachandran examina cómo funciona el cerebro es estudiar a personas con síndromes neurológicos raros. Los que sufren el síndrome de Capgras, por ejemplo, creen que un familiar ha sido sustituido por un impostor. Ramachandran cree que esto sucede porque la zona del cerebro que reconoce las caras, la corteza temporal, se ha desconectado de la zona de las respuestas emocionales.

En 2011 la revista *Time* lo incluyó en la lista de «personas más influyentes del mundo».

CABLES CRUZADOS

Hay personas que perciben las letras, los números y hasta los días de la semana como diferentes colores e incluso personalidades. Esta experiencia automática e involuntaria se denomina sinestesia y Ramachandran la explica como una interconexión entre zonas del cerebro normalmente no relacionadas: cuando la información entrante estimula una zona, también desencadena una respuesta en la otra zona.

$3A^2C$
$1B$

Sigue SOÑANDO...

DORMIR ES PARTE ESENCIAL DE LA VIDA DIARIA. SI NO DORMIMOS CON REGULARIDAD, NO FUNCIONAMOS BIEN, NI FÍSICA NI MENTALMENTE. AL ESTUDIAR LA ACTIVIDAD DEL CEREBRO DE LOS QUE DUERMEN Y AL OBSERVAR QUÉ PASA CUANDO SE INTERRUMPE EL PATRÓN DEL SUEÑO, LOS PSICÓLOGOS COMIENZAN A ENTENDER POR QUÉ ES TAN IMPORTANTE DORMIR.

el bostezo es contagioso: solo leer la palabra «bostezo», lo dispara.

Las etapas del sueño

Se cree que el sueño no es más que la oportunidad de que el cuerpo y la mente se recuperen después de la actividad: cuando estamos cansados, dormimos y nos despertamos frescos. Pero quizá también haya otros motivos para dormir. Los científicos afirman que en una noche pasamos por cuatro o cinco ciclos de sueño, de unos 90 minutos cada uno. En cada ciclo hay cuatro etapas de profundidad creciente. Durante tres etapas de sueño con movimiento lento de los ojos (NREM) los músculos se relajan y la actividad cerebral, la respiración y la frecuencia cardíaca disminuyen, pero nos movemos y damos vueltas. En la cuarta etapa o REM (siglas inglesas de

> SIN EL **RELOJ BIOLÓGICO** DEL CEREBRO NUESTRA VIDA SERÍA **CAÓTICA** Y NUESTRAS ACCIONES, DESORGANIZADAS.
> **COLIN BLAKEMORE**

rapid eye movement, movimiento rápido de los ojos) se aceleran la respiración y la frecuencia cardíaca, pero los músculos quedan en reposo y no nos movemos. Aunque cerrados, los ojos se mueven con rapidez y el cerebro actúa casi como si estuviéramos despiertos. Esta es la etapa en la que soñamos.

LA HORA Y LOS ADOLESCENTES

Según algunos estudios, los adolescentes rinden menos en el instituto por las mañanas porque aún necesitan las etapas finales del sueño. Según el neurocientífico Russell Foster, entre los diez y los veinte años el reloj biológico varía, posiblemente por motivos hormonales, y estos chicos necesitarían levantarse unas dos horas más tarde que el resto.

¿Por qué soñamos?

Mientras se duerme, el cerebro no «se apaga». En realidad, durante la etapa REM está igual de activo que cuando se está despierto. Parecería que, en vez de un estado de inconsciencia, entramos en un tipo diferente de conciencia —el tiempo en que soñamos—, y muchos psicólogos creen que este es el principal objetivo de dormir. Sigmund Freud y sus seguidores pensaban que en sueños hacemos y decimos cosas que reprimimos en el estado de vigilia y que estudiar los sueños es una manera de acceder a la mente

mucha gente sueña una o dos horas por noche y sueña hasta siete veces.

CAPTURA EL SIGNIFICADO DE TUS SUEÑOS.

SISTEMA DE ARCHIVO
UTILIZAMOS LOS SUEÑOS PARA ORGANIZAR PENSAMIENTOS Y RECUERDOS Y HACER SITIO PARA NUEVA INFORMACIÓN.

LUCHA O HUIDA
REVONSUO AFIRMÓ QUE EN LOS SUEÑOS ENSAYAMOS COSAS QUE NECESITAMOS HACER EN LA VIDA REAL, COMO ESCAPAR DEL PELIGRO.

inconsciente oculta. Otros psicólogos creen que los sueños ofrecen la ocasión de practicar mentalmente cosas que más tarde podemos hacer despiertos. Por ejemplo, el científico Antti Revonsuo demostró que la zona del cerebro de la «lucha o huida» está más activa de lo normal durante el sueño REM. Muchas personas resuelven problemas en sueños y con frecuencia los artistas hallan inspiración en ideas que les llegan cuando duermen. En sueños también se organizan los pensamientos y las ideas, se despeja la mente y se hace sitio para nuevas informaciones.

Vigilar nuestro reloj biológico

Así como el sueño sigue una pauta determinada, también tenemos un «reloj biológico» que nos dice cuándo necesitamos dormir. Si bien solemos seguir el ciclo natural de noche y día, el ritmo de sueño y vigilia tiene su propio patrón. En general estamos despiertos durante 16 horas y dormimos ocho, pero también podemos vivir muy bien con otros ritmos. En un experimento, el espeleólogo y científico francés Michel Siffre pasó siete meses bajo tierra, sin tener idea de cuándo era de noche y de día. Guiado solo por su reloj biológico, estableció un ritmo diario de 25 horas. Pero si se nos priva del sueño durante periodos prolongados, nos sentimos física y mentalmente mal, y somos más propensos a sufrir accidentes. De hecho, la privación del sueño se usa como tortura y hasta puede causar la muerte. La vida moderna también interrumpe las pautas naturales del sueño mediante los viajes aéreos transcontinentales (jet lag), los turnos de trabajo, o bien un horario laboral excesivo que impide dormir lo suficiente.

CREATIVIDAD
MÚSICOS Y PINTORES HALLAN EN LOS SUEÑOS INSPIRACIÓN PARA SUS OBRAS, Y TAMBIÉN NOSOTROS RESOLVEMOS PROBLEMAS GRACIAS A ELLOS.

Véanse también: 46-47

EL ESPECTÁCULO LUMINOSO DE LAS NEURONAS

¿Alguna vez has cerrado los ojos para dormir y has notado pequeños destellos de luz y color? Son las neuronas que disparan señales entre los ojos y el cerebro. Aun con los ojos cerrados, las neuronas siguen enviándose mensajes.

CAMPOS MAGNÉTICOS

Como la función de las neuronas es transmitir señales eléctricas, los campos magnéticos fuertes pueden interrumpirlas. Los biopsicólogos han usado esta técnica para estudiar cómo funcionan las distintas partes del cerebro. Sus efectos son pérdida pasajera del habla, alucinaciones e incluso experiencias religiosas.

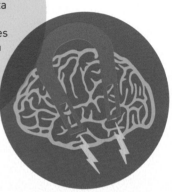

Biopsicología en el

MUNDO REAL

CON EL MEJOR DE LOS CEREBROS

El cerebro de tus padres es más simple que el tuyo. La cantidad de nuevas conexiones llega al tope alrededor de los 9 años y luego disminuye hasta los 20, donde se estabiliza. El cerebro es más maleable durante los primeros años y por eso para los niños aprender un idioma es más fácil que para los adultos.

PROFUNDAMENTE DORMIDO AÚN

Hay gente que se levanta, camina y hasta limpia la casa profundamente dormida. Contrariamente a lo que se cree, los sonámbulos no están representando sus sueños o deseos inconscientes. Los biopsicólogos han probado que el sonambulismo sucede durante el sueño rápido (NREM), cuando no estamos soñando.

Los estudios han demostrado que el reloj biológico de los adolescentes es diferente del de los adultos y que para ellos sería beneficioso levantarse un par de horas más tarde que los demás. Debido a esto, algunos psicólogos afirman que los colegios no tendrían que comenzar tan temprano.

RELOJ INTERNO

PRIMERO LA SEGURIDAD

Imagina que pones gelatina en una caja con aristas internas y la sacudes. Eso es lo que pasa cuando te golpeas la cabeza muy fuerte. Los biopsicólogos saben que los golpes violentos en la cabeza impactan en el comportamiento y las capacidades, lo que apoya la necesidad de leyes más estrictas sobre el uso de cascos por los ciclistas.

La biopsicología une nuestros pensamientos, sentimientos y conducta al funcionamiento físico del cerebro. Con las tecnologías exploratorias que estudian la actividad cerebral, los biopsicólogos tratan de explicar científicamente el comportamiento resultante de las anomalías y las lesiones cerebrales.

El cerebro responde a los movimientos y las posturas de otras personas. Las neuronas espejo se activan en respuesta a determinadas acciones que observamos y nos hacen imitar los movimientos y aprender otros, como bailar o jugar al tenis. Por ello aprendemos mejor si imitamos las acciones de los expertos.

ESPEJITO, ESPEJITO

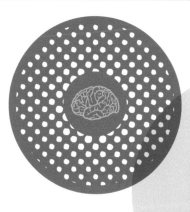

NO PASARÁN

Las drogas que afectan al cerebro se componen de partículas muy pequeñas para que puedan atravesar una membrana denominada barrera hematoencefálica. Junto con biopsicólogos, los científicos quieren solucionar la drogadicción al crear productos químicos que se fijen a las drogas y las agranden para que no pasen la barrera.

¿Cómo funciona mi **MENTE**?

¿Qué son los CONOCIMIENTOS?

La psicología cognitiva es el estudio de los procesos mentales. Los psicólogos cognitivos examinan la forma en que la mente trata la información que proviene de los sentidos —cómo interpretamos lo que vemos y oímos— y cómo aprendemos el idioma y almacenamos cosas en la memoria.

Decisiones, decisiones, DECISIONES

¿Por qué RECORDAMOS cosas?

¿Cómo se ALMACENAN los recuerdos?

No te FÍES de tu memoria

¿SOBRECARGA de información?

¡Cuidado con tu LENGUAJE!

¿Te estás ENGAÑANDO a ti mismo?

¿Cómo INTERPRETAS el mundo?

No CREAS a tus OJOS

¿Qué son los CO

LO QUE SABEMOS —EL CONOCIMIENTO— SE COMPONE DE LO QUE HEMOS APRENDIDO SOBRE EL MUNDO QUE NOS RODEA Y CÓMO VIVIR EN ÉL. CUANDO APRENDEMOS ALGO, COMO UNA REALIDAD O CÓMO LLEVAR A CABO UNA TAREA, ALMACENAMOS ESA INFORMACIÓN EN LA MEMORIA. LA INFORMACIÓN QUE TENEMOS GUARDADA ES LO QUE LLAMAMOS CONOCIMIENTO.

No te limites a los hechos

Durante mucho tiempo se creyó que los conocimientos no eran más que hechos y la enseñanza tradicional se centraba en memorizar esos hechos, generalmente por repetición. En el siglo XX, empero, cuando la psicología se consideró una ciencia, las ideas sobre los conocimientos empezaron a cambiar. La manera en que aprendemos y recordamos pasó a ser un importante campo de estudio de la psicología, que puso en entredicho la idea de que los conocimientos son un simple recordar hechos y dio una nueva perspectiva al papel del aprendiz y al del maestro en la adquisición de conocimientos. Pero los primeros psicólogos conductistas siguieron pensando que era un conjunto de hechos que se aprendía por condicionamiento. Algunos, especialmente John B. Watson, pensaban que de esta manera se puede enseñar lo que sea. Otros, como Edward Thorndike y B.F. Skinner, comprobaron, sin embargo, que aprender no solo es recoger y almacenar conocimientos del mundo exterior: el que aprende también actúa al explorar activamente su entorno y aprender por la experiencia.

clases más cortas ayudarían a aprender con más eficiencia: si se sobrecarga, el cerebro tiende a cerrarse.

⬆ **Bola de nieve**
La forma en que adquirimos conocimientos es como la bola de nieve que crece a medida que rueda ladera abajo. Interpretamos la información recogida y así la recordamos mejor. Aprendemos mejor si experimentamos las cosas de primera mano y no solo recogiendo hechos.

NOCIMIENTOS?

Necesitamos experimentar cosas

Esta idea la desarrollaron psicólogos del desarrollo como Jean Piaget y Lev Vygotsky. Notaron que los niños construyen sus conocimientos paso a paso, examinan cada vez con más detalle las ideas y las conectan con otras.

Lo importante es que esto significa experimentar activa y continuamente en lugar de obtener los conocimientos a través de otras personas. Por eso tal vez la mejor manera de aprender no sea que un profesor les diga o les muestre algo: las nociones se graban mejor si el niño participa en el proceso del aprendizaje, por ejemplo haciendo un pastel en lugar de leer una receta, y después interpreta la información que descubre.

> # EL CONOCIMIENTO ES UN PROCESO, NO UN PRODUCTO.
> **JEROME BRUNER**

Interpretar cosas

En 1885, uno de los primeros psicólogos, Hermann Ebbinghaus, demostró que recordamos mejor las cosas que interpretamos. Un poema es más fácil de recordar que un conjunto aleatorio de letras.

Más recientemente, el psicólogo cognitivo Jerome Bruner se apercibió de que como para aprender la información necesitamos interpretarla, entonces adquirir conocimientos es pensar y razonar a la vez que usar los sentidos y la memoria. Aprender no es solo lo que hacemos para conocer, sino un proceso mental: interpretar la información y conectarla a otros conocimientos. Y como aprender es un proceso continuo, nuestros conocimientos cambian continuamente.

ADQUIRIR CONOCIMIENTOS ES UN PROCESO CONTINUO.

Véanse también: 16-17, 24-25

Decisiones,

A LO LARGO DE LA VIDA NOS ENFRENTAMOS A SITUACIONES SOBRE LAS QUE TENEMOS QUE REFLEXIONAR. DEBEMOS RESOLVER PROBLEMAS Y TOMAR DECISIONES Y PARA ESO APLICAMOS LA CAPACIDAD DE RAZONAR, ES DECIR, PENSAR EN EL PROBLEMA E INTERPRETARLO. ESE PROCESO DE PENSAMIENTO RACIONAL NOS DA LA INFORMACIÓN NECESARIA PARA TOMAR DECISIONES.

> ## LOS ANIMALES RESUELVEN LOS PROBLEMAS PRIMERO EN SU MENTE.
> WOLFGANG KÖHLER

Plátanos en sitios raros

Razonar o pensar en un problema es uno de los procesos mentales que más interesa a la psicología cognitiva. Ya los primeros psicólogos habían analizado qué hacemos para resolver un problema. Entre 1913 y 1920 el psicólogo alemán Wolfgang Köhler dirigió un instituto de investigación en el que había una colonia de chimpancés. Dio a estos animales diversas tareas, como alcanzar plátanos que estaban en sitios raros, y observó cómo actuaban. Cuando se daban cuenta de que no alcanzaban la comida, intentaban subirse a cajas o usar palos. Köhler comprobó que tras probar varios métodos, los animales se detenían y pensaban en lo que habían descubierto. Concluyó que estaban razonando sobre lo que funcionaba y lo que no, y realizando conexiones que les ayudasen a resolver problemas similares en el futuro.

Mapas mentales para hallar soluciones

En la época en que Köhler observaba el proceso de razonamiento en los chimpancés, la mayoría de los psicólogos estaban más interesados en la conducta que en los procesos mentales. El conductismo creía que nosotros (y otros animales) aprendemos por estímulo y respuesta. Pero algunos comprendieron que había algo más. Por ejemplo, Edward Tolman explicó que exploramos el mundo por un método de ensayo y error y aprendemos qué cosas que hacemos nos recompensan y cuáles no, pero también con esas cosas construimos una especie de «mapa mental» del mundo que nos rodea. Luego usamos ese mapa para resolver problemas y tomar decisiones.

Decisiones ilógicas

El pensamiento racional —el razonamiento— es clave para comprender los problemas y resolverlos. Permite tomar decisiones sensatas y elegir qué hacer de acuerdo con nuestra experiencia. Con todo, los psicólogos israelíes Daniel Kahneman y Amos Tversky advirtieron que no siempre hemos de fiarnos de nuestro razonamiento y que a veces tomamos decisiones que parecen racionales pero que se basan en razonamientos erróneos o en ningún razonamiento en absoluto. A partir de nuestra experiencia elaboramos reglas generales a las que podemos acudir cada vez que tomamos una decisión. Sin embargo, estas orientaciones se basan a menudo en una reducida cantidad de experiencias personales, y además pueden estar influidas por nuestras opiniones y creencias personales. Y aunque nos ayudan a tomar una decisión con más rapidez y facilidad, sin examinar en detalle las pruebas estadísticas, muchas veces las decisiones que nos sugieren son irracionales.

> ## CUANDO EN LA RULETA SALE EL ROJO MUCHAS VECES SEGUIDAS, LA GENTE CREE ERRÓNEAMENTE QUE AHORA LE TOCA AL NEGRO.
> DANIEL KAHNEMAN Y AMOS TVERSKY

decisiones, DECISIONES

No dormir una noche puede hacernos tomar decisiones mucho más arriesgadas de lo normal.

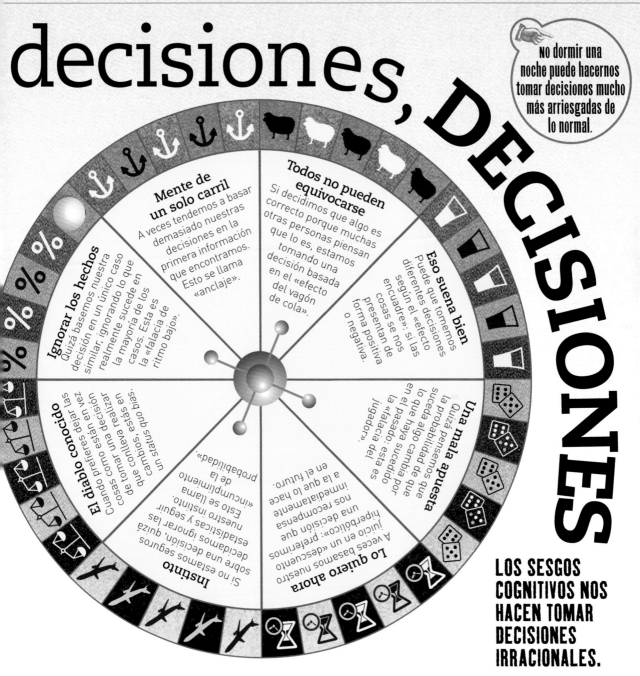

Mente de un solo carril
A veces tendemos a basar demasiado nuestras decisiones en la primera información que encontramos. Esto se llama «anclaje».

Todos no pueden equivocarse
Si decidimos que algo es correcto porque muchas otras personas piensan que lo es, estamos tomando una decisión basada en el «efecto del vagón de cola».

Ignorar los hechos
Quizá basemos nuestra decisión en un único caso similar, ignorando lo que realmente sucede en la mayoría de los casos. Esta es la «falacia de ritmo bajo».

Eso suena bien
Puede que tomemos diferentes decisiones según el «efecto encuadre»: si las cosas se nos presentan de forma positiva o negativa.

El diablo conocido
Cuando prefieres dejar vez cosas como tomar una decisión de que conlleva estás en cambios; estás quo bias- un status.

Una mala apuesta
Quizá pensemos que la probabilidad de que suceda algo cambia por lo que haya sucedido en el pasado: esta es la «falacia del jugador».

Instinto
Si no estamos seguros sobre una decisión, quizá decidamos ignorar las estadísticas y seguir nuestro instinto. Esto se llama «incumplimiento de la probabilidad».

Lo quiero ahora
A veces basamos nuestro juicio en un «descuento hiperbólico»: preferimos una decisión que nos recompensa inmediatamente a la que lo hace en el futuro.

LOS SESGOS COGNITIVOS NOS HACEN TOMAR DECISIONES IRRACIONALES.

Kahneman y Tversky identificaron varias formas diferentes de basar nuestras decisiones en razonamientos falsos, que denominaron «sesgos cognitivos». Los sesgos cognitivos se basan, sobre todo, en nuestras experiencias personales, así que las decisiones irracionales que tomamos a causa de ellos pueden ser bastante útiles para la vida diaria. Pero cuando se trata de decisiones relevantes, en especial en situaciones nuevas, debemos tener en cuenta cómo el sesgo puede inducirnos a error. Comprender los errores comunes del razonamiento ayuda a evitar equivocaciones peligrosas y costosas.

RECORDAMOS

¿Por qué

A MEDIDA QUE APRENDEMOS, ALMACENAMOS EN LA MENTE UNA REPRESENTACIÓN DE LA INFORMACIÓN EN FORMA DE RECUERDOS Y CUANDO RECORDAMOS ESTAMOS RECUPERANDO ESA INFORMACIÓN. PERO ALGUNAS COSAS LAS RECORDAMOS MEJOR QUE OTRAS, Y MUCHAS VECES NECESITAMOS ALGUNA PISTA PARA EVOCAR UN RECUERDO EN ESPECIAL.

Cómo funciona la memoria

Desde que se comenzó a estudiar la psicología como ciencia, los psicólogos han tratado de comprender la memoria humana. Uno de los primeros, Hermann Ebbinghaus, advirtió que cuando pensamos que hemos aprendido algo, al día siguiente vemos que hemos olvidado la mayor parte.

Ebbinghaus demostró que recordamos mejor las cosas si nos tomamos tiempo para aprenderlas. También comprobó que es más difícil aprender listas aleatorias de números o palabras que lo que tiene significado y que tendemos a recordar el comienzo o el final de una serie mejor que la parte media. Luego los psicólogos estudiaron cómo afecta la fidelidad con que recordamos algo al cómo y cuándo lo

¿Dónde estaba yo cuando...?
Los recuerdos de acontecimientos están conectados. Así, es más fácil recordar cosas si podemos asociarlas a dónde y cuándo las aprendimos.

Bruscamente interrumpidos
Cuando se interrumpe lo que estamos haciendo, la mente suele fijarse en esa actividad y la recordamos mejor que lo que ya no necesita nuestra atención.

¿POR QUÉ RECORDAMOS ALGUNAS COSAS MEJOR QUE OTRAS?

Recuerdos en *flash*
Los sucesos dramáticos y muy emocionales se graban en la memoria y recordamos claramente lo que estábamos haciendo cuando sucedieron.

El estado de ánimo
Los recuerdos se asocian a cómo nos sentimos cuando aprendemos algo y tendemos a recordar lo que se ajusta a nuestro actual estado de ánimo.

cosas?

Véanse también: 64-65, 66-67

aprendemos. Así, por ejemplo, Bluma Zeigarnik había oído que los camareros recuerdan mejor detalles de los pedidos que aún no están pagados que de los que ya se pagaron. Intrigada, llevó a cabo un experimento en el que los participantes debían hacer puzles sencillos: les resultó más fácil recordar detalles de los puzles interrumpidos. Como los pedidos de los camareros, si una tarea todavía no se ha cerrado, queda en la mente.

Danos una pista

Para los psicólogos cognitivos como Zeigarnik, la memoria es un sistema de procesamiento de la información. Endel Tulving dijo que tenemos diferentes tipos de memoria que almacenan distintos tipos de información: de los hechos y los conocimientos, de los acontecimientos y experiencias, y de cómo hacer las cosas. También describió el recuerdo como dos procesos separados: almacenar la información en la memoria a largo plazo (aprendizaje) y recuperarla (recordar). Los dos procesos están conectados. Si se nos recuerda lo que ocurría en el momento en que introducíamos información en la memoria a largo plazo, esto nos ayudará a recuperarla. Es un ejemplo de cómo una «pista» o «pista mnemónica» (de la memoria) puede desencadenar la recuperación de información o «refrescarnos la memoria».

Estados de ánimo que alteran la memoria

También el estado de ánimo nos puede ayudar a recordar algo. Según Gordon H. Bower, los «acontecimientos y emociones se almacenan juntos en la memoria» y

> **LOS ACONTECIMIENTOS MUY EMOCIONALES DISPARAN LOS RECUERDOS EN FLASH.**
> **ROGER BROWN**

nuestros recuerdos están especialmente ligados al estado de ánimo del momento. Cuando estamos felices, tendemos a recordar cosas que sucedieron cuando estábamos de buen humor, y cuando nos sentimos desdichados recordamos lo que sucedió cuando estábamos de mal humor. Roger Brown llamó «recuerdos en *flash*» a los ejemplos extremos de recuerdos dependientes del estado de ánimo: esto significa que solemos recordar exactamente lo que hacíamos cuando sucedió algo dramático o muy emocional, como enterarnos de ataques terroristas o la muerte de un familiar o amigo.

> **ES más fácil que recuerdes tus sueños si te despiertan mientras sueñas.**

LOS BUCEADORES DE BADDELEY

En un experimento ideado por Alan Baddeley, se pidió a un grupo de buceadores que memorizase listas de palabras. Memorizaron algunas en tierra y otras bajo el agua. Al pedirles que recitaran las listas, los buceadores recordaron mejor las palabras aprendidas bajo el agua si volvían a bucear y las otras si se quedaban en tierra. Esta es la memoria dependiente del contexto.

ELIZABETH LOFTUS

n. 1944

Nacida en Los Ángeles (EE UU) en 1944, Elizabeth Loftus estudió matemáticas en la Universidad de California para ser profesora. Pero después de tomar clases de psicología orientó su carrera en esta dirección y se doctoró en psicología en la Universidad de Stanford. Fue aquí donde se interesó por la memoria a largo plazo, a la que dedicó su carrera.

ACCIDENTES DE COCHES

Uno de los primeros estudios de Loftus comprobó la fiabilidad del testimonio de testigos presenciales en casos penales y si las preguntas les sugieren la respuesta. Se mostró a los participantes filmaciones de accidentes y se les pidió que estimasen la velocidad a la que iban. Todos estimaron más alto cuando se les preguntó a qué velocidad «se destrozaron» los coches que cuando se les preguntó a qué velocidad «chocaron».

FALSOS RECUERDOS

En la década de 1990 condenaron a George Franklin por un asesinato ocurrido 20 años antes, por un recuerdo que recuperó su hija bajo hipnosis. Loftus afirmó que aunque la mujer creía sinceramente en su recuerdo, este era falso porque se lo habían sugerido durante la hipnoterapia. La condena se anuló.

«¿Jura decir la **verdad, toda la verdad** o lo que sea que **cree recordar**?»

Loftus ha asesorado sobre la fiabilidad de los testigos presenciales en más de 250 casos penales, entre ellos el del cantante Michael Jackson.

ENCUENTRO CON BUGS BUNNY

En otro experimento, Loftus puso a un grupo de personas a contemplar una publicidad de Disneylandia que mostraba a otros visitando el parque y saludando a Bugs Bunny, y también se puso en la sala una figura del conejo de tamaño gigante. Luego se les preguntó si habían visto a Bugs Bunny durante la visita. La tercera parte dijo que sí, aunque Bugs Bunny es una figura de Warner Brothers y no tiene nada que ver con Disney.

ROMPER CON LAS MALAS COSTUMBRES

Loftus se preguntó si era posible implantar falsos recuerdos para influir en el comportamiento de las personas, concretamente referidos a hábitos de alimentación. Hizo que los participantes de un experimento creyeran que el helado de fresa les había sentado mal cuando eran niños. Una semana más tarde muchos participantes relataron recuerdos detallados del incidente y mostraron su aversión a ese helado. Loftus piensa que se podría aplicar este método a la lucha contra la obesidad de los adolescentes.

¿Cómo se ALMACE

A MEDIDA QUE APRENDEMOS, ALMACENAMOS LA INFORMACIÓN EN LA MENTE COMO RECUERDOS: NO SOLO DE CONOCIMIENTOS Y HECHOS, SINO TAMBIÉN DE LO QUE VIMOS E HICIMOS Y DE CÓMO HACER COSAS. PARA FACILITAR EL ACCESO A ESOS RECUERDOS CUANDO LOS NECESITAMOS, LA MENTE LOS ORGANIZA Y LOS GUARDA SISTEMÁTICAMENTE.

ME CAÍ DE LA BICICLETA

MI PRIMERA BICI ERA ROJA

CÓMO MONTAR EN BICICLETA

IBA AL PARQUE EL AÑO PASADO

FECHA DE MI CUMPLEAÑOS

FECHA DEL CUMPLEAÑOS DE MAMÁ

COMER UN PASTEL DE CUMPLEAÑOS

CÓMO HACER UN PASTEL DE CHOCOLATE

Lo más memorable

Mucho antes de que el estudio de la memoria —cómo aprendemos y recordamos cosas— pasase a ser parte relevante de la psicología cognitiva, los psicólogos ya sabían que hay distintos tipos de memoria. Distinguían entre la memoria a corto plazo, que guarda la información que se necesita para hacer cosas ya —por ejemplo, recordar una escena de televisión para poder entender la que sigue— y la memoria a largo plazo, que guarda lo que necesitamos constantemente para uso futuro, por ejemplo, cómo apagar el televisor.

Archivo de recuerdos

Endel Tulving, pionero en este campo, demostró que memorizar (introducir información en la memoria) y recordar

Hechos y cifras
La memoria semántica almacena hechos y conocimientos.

Momentos buenos y malos
La memoria episódica guarda acontecimientos y experiencias.

Cómo funcionan las cosas
La memoria procedimental guarda métodos y cómo hacer las cosas.

NUESTOS RECUERDOS SE ENTRELAZAN EN UNA RED DE MEMORIAS

NAN los recuerdos?

RECORDAR ES VIAJAR EN EL TIEMPO MENTAL.

ENDEL TULVING

una categoría: «gato» y «cuchara» se recordaban al darles pistas como «animal» y «utensilio». Luego los psicólogos señalaron que hay cosas que pueden pertenecer a más de una categoría: por ejemplo «mango» puede estar bajo las categorías «fruta» o «tienda». En vez de relacionar categorías bien diferenciadas, propusieron que la memoria es una «red» de recuerdos interconectados.

Véanse también: 60–61, 66–67

(recuperar recuerdos del almacén) son dos procesos diferentes aunque conectados. Ponemos grandes cantidades de información en el almacén de la memoria y necesitamos localizar y acceder a recuerdos concretos en momentos diferentes. Si la información estuviese almacenada al azar, esto sería casi imposible, o sea que es necesario organizarla. Tulving propuso que tenemos tres tipos diferentes de almacén: la memoria semántica, que guarda hechos y conocimientos; la memoria episódica, que registra acontecimientos y experiencias; y la memoria procedimental, que nos recuerda cómo hacer cosas. Cada una de ellas se subdivide a su vez para que la información sea más accesible aún. Es decir, que en lugar de buscar por toda nuestra memoria para recordar algo, podemos decirle a la mente más o menos en qué zona mirar. Por ejemplo, si el almacén de la memoria episódica organiza recuerdos de sucesos según el momento y el lugar en que sucedieron, la mente puede recordar cosas concretas al llevarnos de vuelta a ese momento y ese sitio en especial. Igualmente, Tulving dijo que el almacén de memoria semántica está organizado por categorías. Se dio cuenta de que a las personas que trataban de recordar una palabra de una lista aleatoria podía refrescárseles la memoria al nombrar

el chocolate negro es un «superalimento» que hace aumentar el flujo de sangre al cerebro y ayuda a formar recuerdos.

En nuestras propias palabras

El británico Frederic Bartlett aportó una explicación algo diferente de cómo se organiza el almacén de la memoria. Pidió a varios alumnos que leyeran un cuento complicado y luego que lo contasen. Si bien recordaban la forma general del cuento, había partes que no conseguían recordar. Bartlett descubrió que, para que el cuento tuviera algún sentido, los alumnos cambiaban detalles que no casaban con sus propias experiencias. Afirmó que todos tenemos un «esquema» —un conjunto de ideas conformadas por nuestra experiencia— que estructura nuestros recuerdos. Aunque esto nos ayuda a almacenar algunos, es muy difícil guardar los que no encajan en nuestros esquemas personales.

RECORDAR ES UNA RECONSTRUCCIÓN IMAGINATIVA A PARTIR DE NUESTRA ACTITUD HACIA EXPERIENCIAS PASADAS.

FREDERIC BARTLETT

No te **FÍES** de

LA MEMORIA NOS TRAICIONA CON FRECUENCIA: HAY COSAS QUE ESTAMOS
SEGUROS DE HABER GUARDADO EN LA MEMORIA PERO NO CONSEGUIMOS
RECORDAR, COMO EL NOMBRE DE ALGUIEN FAMOSO O LA RESPUESTA A
UNA PREGUNTA SENCILLA DE UN EXAMEN. OTRAS VECES RECORDAMOS
ALGO ERRÓNEAMENTE, AUNQUE CREAMOS QUE ESTAMOS EN LO CIERTO.

ES extraño, pero
el chicle aumenta la
capacidad de recordar.

Almacenamiento limitado

Uno de los mayores problemas de la
memoria es que recibe tanta información
que no es capaz de almacenar todo lo que
experimentamos. Y si lo fuese quedaría
atascada con cantidad de información
inútil y lo que realmente importa sería
difícil de recuperar. Por eso la mente
decide que algunos de esos recuerdos
son «basura» y deja que los más viejos
se vayan borrando. Este sistema funciona
bien la mayor parte del tiempo porque
nos permite almacenar y recuperar los
hechos y experiencias más útiles. Pero
en ocasiones descubrimos que se ha
almacenado cierta información que
necesitamos en un sitio al que es difícil
acceder. Entonces no recordamos lo que
necesitamos saber, o solo lo recordamos
parcialmente, e incluso puede confundirse
con otra información. El psicólogo Daniel
Schacter mencionó siete formas en las
que nos puede traicionar la memoria y las
llamó «los siete pecados de la memoria».

En la punta de la lengua

Schacter observó que existen diversos
motivos para no recordar cosas. A veces
sabemos que sabemos algo, pero no
hallamos el recuerdo, quizá porque se

SIETE MANERAS EN QUE LA MEMORIA PUEDE TRAICIONARNOS.

⬅ Las nieblas del tiempo
El pecado de la «fugacidad» hace
que los recuerdos distantes puedan
borrarse y así los recuerdos antiguos
son más difíciles de evocar que los
acabados de guardar.

Distraídos ➡
El pecado de «despiste» significa
que a veces no guardamos bien
los recuerdos porque estamos
concentrados en otra cosa.

Está ahí, en algún sitio ➡
A veces sabemos que sabemos
algo, pero no lo recordamos. Esto
suele suceder porque hay otro
recuerdo que está cometiendo
el pecado de «bloqueo».

tu memoria

almacenó hace mucho tiempo, o mal, o porque se interponen otros, sobre todo del tipo irritante o molesto que no nos podemos quitar de la mente. Muchas veces creemos recordar algo, pero en realidad la mente está confundiendo varios recuerdos. Hasta la memoria vívida de un acontecimiento se puede mezclar con otra, y por eso nuestro recuerdo es diferente de lo que pasó en realidad. Nuestras remembranzas del pasado también están influidas por cómo sentimos y pensamos ahora.

Recuerdos distorsionados

En general, solemos recuperar recuerdos con bastante exactitud, especialmente de cosas que para nosotros son importantes. Donde nos equivocamos es en los detalles, por ejemplo, quién dijo qué, dónde y cuándo. Los experimentos de Elizabeth

> ## SE PUEDE LLEGAR A ESTAR CONVENCIDO DE COSAS QUE EN REALIDAD NUNCA SUCEDIERON.
> ### ELIZABETH LOFTUS

Loftus demuestran que muchas veces recordamos cosas de manera inexacta aunque creamos que son correctas. Hay factores como preguntas orientadoras, nuestras emociones y hechos posteriores que afectan a la forma en que recordamos sucesos traumáticos como presenciar un delito o un accidente de tráfico. Loftus ha llegado a cuestionar la validez del testimonio de más de un testigo en los juicios. Más discutible aún, también ha hablado de los «falsos recuerdos» de algunas personas que dicen haber sido maltratadas de niños.

Véanse también: 60–61, 62–63, 64–65

De vez en cuando
Al recuperar un recuerdo, nuestras opiniones y emociones pueden ser muy diferentes de cuando lo guardamos. Si el estado de ánimo y los pensamientos cambian nuestros recuerdos, este es el pecado de «sesgo».

¿Quién dijo eso?
Cometemos el pecado de «atribución errónea» cuando la información es correcta pero la fuente no: creemos que vimos algo en las noticias y en realidad se lo oímos decir a un amigo.

Preguntas orientadoras
Los recuerdos pueden estar influidos por cómo se recuperan. Se alteran para que coincidan con lo que los evocó, como una pregunta orientadora: el pecado de «sugestión».

No puedo olvidarlo
Hay recuerdos imposibles de olvidar. El pecado de «persistencia» significa que siguen volviendo a aparecer recuerdos angustiosos o vergonzosos.

ESTRÉS POSTRAUMÁTICO
El trastorno por estrés postraumático es un ejemplo extremado de la persistencia de recuerdos no deseados. Los soldados que vuelven de la línea de fuego suelen ser incapaces de olvidar las horribles experiencias que han vivido. Estos recuerdos siguen persiguiéndoles, interfiriendo con los recuerdos amables y dificultándoles la vuelta a la vida normal en tiempos de paz.

¿SOBRECARGA de información?

MIENTRAS ESTAMOS DESPIERTOS, NUESTROS SENTIDOS NO CESAN DE RECOGER INFORMACIÓN SOBRE EL MUNDO QUE NOS RODEA. HAY UNA ENORME CANTIDAD DE COSAS QUE VER, OÍR, OLER Y TOCAR, TANTO QUE SOMOS INCAPACES DE INCORPORARLO TODO. LA MENTE SELECCIONA AQUELLO EN LO QUE DEBEMOS CENTRAR LA ATENCIÓN Y «FILTRA» EL RESTO.

Presta atención

Hay tareas que consisten en recibir gran cantidad de información y elegir la relevante. Cuando se maneja un avión, el piloto debe observar diales y niveles, atender a las instrucciones del controlador aéreo y a los otros tripulantes por los auriculares. Donald Broadbent, psicólogo que sirvió en la Real Fuerza Aérea durante la Segunda Guerra Mundial, estudió la manera en que los pilotos gestionan toda esta información. Diseñó experimentos en que los participantes, con auriculares, recibían una información diferente por cada oído. Se les pidió que se concentrasen en un solo oído y Broadbent descubrió que no habían registrado el contenido del otro canal. Así concluyó que solo escuchamos una voz en cada momento. Cuando recibe información por muchos canales, la mente se cierra a todo lo que no sea aquel al que debe prestar atención.

> PENSAMOS EN **NUESTRA MENTE** COMO UNA **RADIO** QUE SINTONIZA **MUCHAS EMISORAS** A LA VEZ.
>
> DONALD BROADBENT

Sintonízate, bloquea

El estudio de Broadbent sobre la atención era similar a la obra del científico de la información Colin Cherry. A este le interesaba el modo en que seleccionamos a qué canal de información prestar atención y lo separamos del resto de la información entrante. Comparó esto con la manera en que

SOLO PODEMOS ESCUCHAR UNA VOZ A LA VEZ.

◔ ¿Estás escuchando?
En una habitación llena de gente, las personas tienden a centrar la atención en una sola conversación y bloquean todos los demás ruidos. Pero si oímos algo de interés nos centramos rápidamente en otra conversación.

Las «multitareas» no son más que pasar de una tarea a otra: el cerebro las va alternando, una por vez.

atendemos a una sola conversación en medio de una fiesta ruidosa y lo llamó el «problema de la fiesta». Observó que «sintonizamos» con cosas tales como un tono especial de voz y que la mente bloquea lo que considera ruido de fondo. También advirtió que si en otra conversación alguien dice algo que nos interesa, la atención cambia de inmediato. Broadbent detectó un efecto similar en los pilotos, que cambiaban la atención de un canal a otro cuando recibían un mensaje urgente. De modo que, aun cuando no estemos centrados en ello, los oídos recogen información de lo que se filtra y la mente identifica los mensajes importantes.

El mágico número 7

Según Broadbent, esta información va a un almacén de memoria a corto plazo donde se elige un solo canal que presta atención y el resto se filtra y se desecha para evitar un atasco. George Armitage Miller afirmó que la memoria a corto plazo es un sitio donde se procesa información antes de guardarla en la de largo plazo. Antes que cómo se selecciona la información a la

LA MEMORIA A CORTO PLAZO ES CAPAZ DE MANTENER ALREDEDOR DE SIETE TEMAS A LA VEZ.

GEORGE ARMITAGE MILLER

cual prestar atención, quiso saber cuánta información era capaz de mantener esta memoria a corto plazo o «memoria de trabajo». Para ello ideó experimentos en que se hacía sonar una serie de tonos, o se mostraba brevemente en una pantalla una cantidad de puntos, y advirtió que solo podemos asimilar unas siete cosas por vez. Confirmó así que la capacidad de la memoria de trabajo se limita a unos siete temas, que llamó el «número mágico».

EL SIMIO INVISIBLE

En un estudio sobre la atención, los participantes vieron un vídeo de personas que se pasaban una pelota de baloncesto y tuvieron que contar la cantidad de pases. Muchos participantes estaban tan absortos contando que no se fijaron en que por el centro de la escena pasaba una persona vestida de gorila.

DONALD BROADBENT

1926–1993

Psicólogo británico muy influyente, las apariciones de Broadbent en radio y televisión popularizaron la psicología. Nació en Birmingham y dejó los estudios para ingresar en la Real Fuerza Aérea (RAF) durante la Segunda Guerra Mundial. Después estudió psicología en Cambridge y trabajó en la Unidad de Psicología Aplicada de la Universidad, que dirigió en 1958. En 1974 se trasladó a la Universidad de Oxford donde trabajó hasta retirarse en 1991.

SOLO PUEDES PRESTAR ATENCIÓN A UNA VOZ POR VEZ

Se conoce mejor a Broadbent por su trabajo sobre el enfoque de la atención. Gracias a su experiencia en la RAF, identificó los problemas que encontraban los pilotos y los controladores aéreos, que tienen que manejar grandes cantidades de información entrante al mismo tiempo, e ideó experimentos para demostrar que solo podemos escuchar una voz en cada momento.

Broadbent nació en Inglaterra pero siempre se consideró galés, pues pasó toda la primera parte de su vida en Gales.

«La **prueba** de una teoría psicológica reside en sus **aplicaciones prácticas.**»

LA PSICOLOGÍA DEBE RESOLVER LOS PROBLEMAS DE LA VIDA REAL

Piloto e ingeniero aeronáutico experto, Broadbent comprobó que muchos problemas de los pilotos, como manipular las palancas equivocadas o leer mal los diales, se solucionan con la psicología. La psicología, según Broadbent, debe ser útil y no solo teórica, y su trabajo en la nueva Unidad de Psicología Aplicada de Cambridge fue pionero en su aplicación a la resolución de problemas prácticos.

LA MENTE ES UN PROCESADOR DE LA INFORMACIÓN

Broadbent pensaba que la mente es una especie de «procesador de la información» que recibe, guarda y recupera la información de los sentidos. Esto tiene mucho en común con las investigaciones sobre comunicaciones e inteligencia artificial que se emprendieron tras la Segunda Guerra Mundial. Dispuesto a aplicar prácticamente sus teorías, colaboró con los informáticos en investigaciones sobre la interacción entre personas y computadoras.

PARAD LOS RUIDOS

En vez de trabajar en experimentos de laboratorio, Broadbent iba a las fábricas y talleres para estudiar los efectos del ruido, el calor y el estrés en los trabajadores. Gracias a esto propuso cambios en el lugar de trabajo y en su práctica. Las mejoras de las condiciones laborales no beneficiaron únicamente a los trabajadores, sino que aumentaron su eficiencia y productividad.

¡Cuidado con

Véanse también: 26–27, 42–43

LA CAPACIDAD DE COMUNICAR HASTA LAS IDEAS MÁS COMPLEJAS CON EL LENGUAJE HABLADO Y ESCRITO ES UNO DE LOS RASGOS QUE DISTINGUEN A LOS SERES HUMANOS DE LOS DEMÁS ANIMALES. EL IDIOMA ES DIFÍCIL Y SIN EMBARGO LOS NIÑOS APRENDEN AL MENOS UNO CUANDO SON PEQUEÑOS Y MÁS RÁPIDO QUE OTRAS COSAS. ¿ES DIFERENTE LA FORMA EN QUE APRENDEMOS EL IDIOMA?

Imitación de los adultos

En un tiempo se creyó que aprendemos el lenguaje de la misma manera que aprendemos otras cosas. Psicólogos del desarrollo como Jean Piaget y Albert Bandura afirmaban que la capacidad de utilizar el lenguaje es el resultado de

> ## LOS NIÑOS APRENDEN EL LENGUAJE AL IMITAR A LOS DEMÁS.
> **ALBERT BANDURA**

imitar a los padres. Una vez dominado el truco de las estructuras del idioma —la gramática— la usamos como base y vamos añadiendo las palabras que nos llegan. El conductista B.F. Skinner aceptó que aprendemos de los adultos, pero también pensó que esta era una especie de condicionamiento: un niño que elabora palabras y frases es una respuesta condicionada, premiada por sus padres con sonrisas y halagos.

Capacidad integrada

Sin embargo, a algunos psicólogos les parecía que el lenguaje es diferente de las otras capacidades adquiridas. Ya en la década de 1860, antes de que la psicología apareciera como ciencia, los científicos descubrieron en el cerebro zonas concretas ligadas al habla. Paul Broca, médico francés, comprobó que si se lesionaba una zona determinada del cerebro, se afectaba la capacidad de hablar. Y continuando con la obra de Broca, el médico y psiquiatra alemán Carl Wernicke identificó otra zona del cerebro relacionada con la comprensión del habla y con hablar con sentido. Estos hallazgos indicaron que el cerebro posee algún tipo de capacidad «integrada» para utilizar el lenguaje.

Gramática universal

En la década de 1960, el psicólogo cognitivo y lingüista Noam Chomsky lanzó una idea nueva y polémica sobre la forma en que aprendemos la lengua. Había notado que los niños comprendían el significado de las frases desde muy pequeños, y que aprendían a hablar con

LENGUAJE DE SIGNOS

Un grupo de niños sordos en una escuela de Nicaragua creó una forma de comunicarse entre ellos. No conocían ningún lenguaje de signos e inventaron uno propio. Este evolucionó hasta ser una lengua sofisticada, con una gramática similar a la de otras lenguas habladas y escritas, lo que demuestra que se nace con ciertas capacidades idiomáticas básicas.

tu LENGUAJE!

Las niñas suelen aprender a hablar antes que los niños, y las zonas del lenguaje del cerebro femenino son un 17% más grandes.

rapidez aplicando complejas reglas gramaticales. Nadie se las enseñaba, pero parecían conocerlas bastante bien. Y esto sucedía con niños de todas las culturas y que hablaban todo tipo de idiomas. Chomsky insinuó que la capacidad de aprender y utilizar el lenguaje es innata: tenemos lo que llamó un «dispositivo de adquisición del lenguaje», una capacidad especial del cerebro que nos permite entender la estructura de la lengua. Es más, puesto que todos los niños del mundo tienen esta misma capacidad gramatical, todos los idiomas humanos deben de tener la misma estructura subyacente: una «gramática universal». Esta idea de Chomsky de una capacidad innata e instintiva para el lenguaje se apartó de las teorías anteriores de cómo aprendemos a hablar y no todos los psicólogos la aceptaron. Algunos siguen sosteniendo que la capacidad de hablar es parecida a nuestras otras capacidades de resolución de problemas. Sin embargo, Steven Pinker, psicólogo cognitivo canadiense, apoya la idea de Chomsky y afirma que nuestro don del lenguaje es heredado y nos ha llegado con la evolución.

EL NIÑO TIENE

LA CAPACIDAD

INNATA DE

COMPRENDER

LA GRAMÁTICA

EL ÓRGANO DEL LENGUAJE CRECE COMO CUALQUIER OTRO ÓRGANO DEL CUERPO.
NOAM CHOMSKY

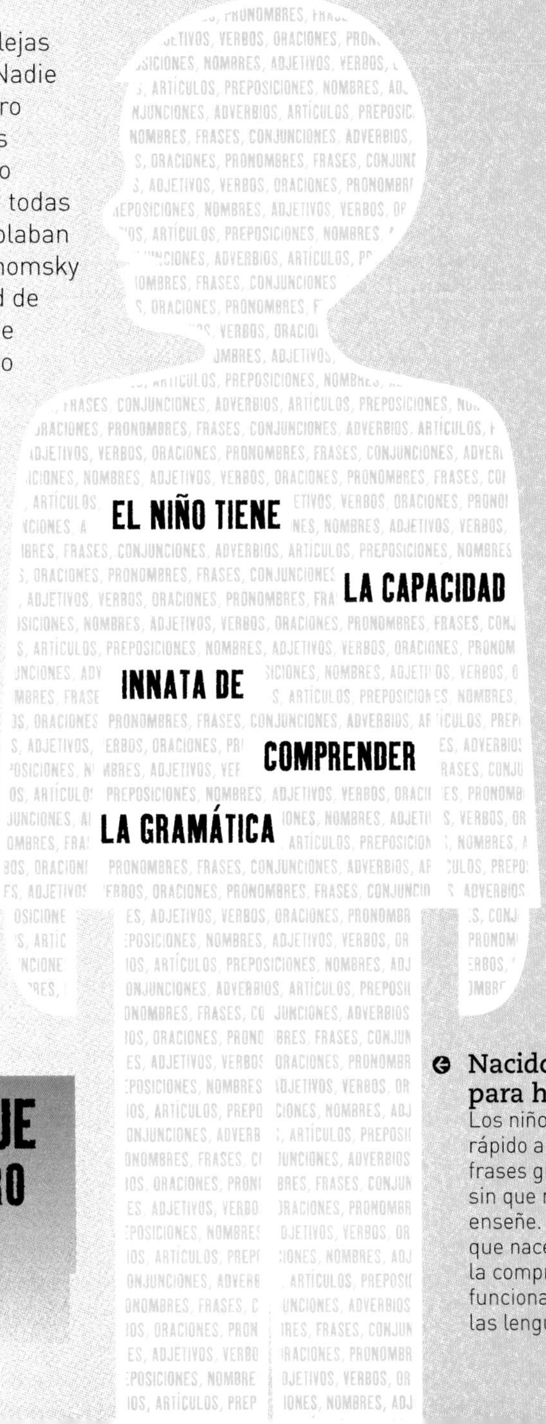

◉ **Nacido para hablar**
Los niños aprenden rápido a construir frases gramaticales sin que nadie les enseñe. Esto indica que nacemos con la comprensión del funcionamiento de las lenguas.

¿Te estás ENGA

EL MUNDO ACABA EL ~~27 DE DICIEMBRE~~ 20 DE FEBRERO

CUANDO LA GENTE TIENE UNA CREENCIA U OPINIÓN MUY FUERTE ES DIFÍCIL QUE CAMBIE DE IDEA. AUNQUE SE LE MUESTREN PRUEBAS DE QUE SE EQUIVOCAN, INSISTEN EN TENER RAZÓN. TODOS HACEMOS ESTO ALGUNA VEZ Y AUN CUANDO RESULTA EVIDENTE QUE ESTAMOS EQUIVOCADOS, NOS ENGAÑAMOS CON QUE TENEMOS BUENOS MOTIVOS PARA CREERLO.

Creencia inamovible

Nuestras creencias son muy importantes para nosotros. Vivimos la vida de acuerdo con los conocimientos que tenemos y con lo que creemos que es verdad, de modo que cuando alguien cuestiona algo que creemos firmemente, nos sentimos muy incómodos. El psicólogo estadounidense Leon Festinger llamó a ese sentimiento de incomodidad «disonancia cognitiva». En vez de aceptar que estamos equivocados, solemos ponernos más tozudos con que tenemos razón. Para evitar el sentimiento incómodo, justificamos lo que creemos y discutimos las pruebas que lo contradigan. Festinger se dio cuenta de que es muy difícil cambiar el parecer de alguien con creencias fuertes: «Si le dices que discrepas, se va. Si le muestras hechos o cifras, cuestiona tus fuentes. Si apelas

⊕ Creencias obstinadas

Si creemos mucho en algo es difícil convencernos de que no es así, aun habiendo pruebas que lo indiquen. En vez de cambiar de idea, tendemos a creerlo con más fuerza e incluso somos capaces de inventar «pruebas» de que tenemos razón.

☞ pese a las abrumadoras pruebas de que fumar mata, los fumadores suelen justificar su hábito.

UN HOMBRE CON UNA CONVICCIÓN ES MUY DIFÍCIL DE CAMBIAR.

LEON FESTINGER

ÑANDO a ti mismo?

a la lógica, él dirá que es ilógica». Para probar su teoría, Festinger y sus colegas se reunieron con miembros de una secta que aseguraba haber recibido mensajes de alienígenas que predecían el fin del mundo. Al entrevistarlos, los sectarios dijeron creer que el mundo iba a acabar el 21 de diciembre de ese año. Llegó el día y el apocalipsis no tuvo lugar, y cuando los entrevistaron por segunda vez, en vez de renegar de su creencia, declararon que el mundo se había salvado porque ellos eran creyentes fervientes. Aceptar que se equivocaban habría causado una disonancia cognitiva. En cambio, así su creencia se fortalecía e incluso dijeron que habían recibido otro mensaje agradeciendo su devoción.

Qué vergüenza

Festinger comprobó que los creyentes más convencidos eran los que habían renunciado a más cosas en favor de la secta: muchos habían dejado el trabajo y vendido sus casas. Llegó a la conclusión de que cuanto mayores son el tiempo y el esfuerzo que alguien dedica a algo, más probable será que lo defienda. En un experimento, Festinger dio a voluntarios una serie de tareas aburridas. Después recompensó a algunos con un dólar y a otros con veinte. Cuando les preguntó si la tarea les había resultado interesante, los participantes mejor pagados dijeron que no. Los peor pagados, en cambio, dijeron que sí porque así justificaban la cantidad de esfuerzo puesto en la tarea para una recompensa tan pobre. En otro experimento, Eliot Aronson y Judson Mills comprobaron que si la tarea les causaba cierta vergüenza, esto también

> **SI HACEMOS ALGO QUE NOS HACE SENTIR ESTÚPIDOS, ENCONTRAMOS EL MODO DE JUSTIFICAR LO QUE HACEMOS.**
> **ELIOT ARONSON**

afectaba a la opinión de los participantes. Invitaron a algunas alumnas a un grupo de debate sobre la psicología del sexo y ellas pensaron que sería interesante y divertido. A algunas se las aceptó directamente, pero a otras se les pidió que hicieran una «prueba de vergüenza» en la que debían leer en voz alta palabras obscenas y pasajes eróticos de libros. Luego todas oyeron la grabación de una conversación aburrida sobre los hábitos de apareamiento de los animales y se les dijo que para eso habían aceptado intervenir. Luego, al preguntarles si les había parecido interesante y agradable la charla, las que habían pasado la prueba de vergüenza la calificaron mucho más favorablemente que las que no.

VUELO FLORAL

Se pidió a un grupo de gente que tratara de hacer levitar un florero lleno de flores concentrándose en él. No sabían que el florero llevaba electroimanes, de manera que realmente iba a levantarse de la mesa. Un participante dijo haber visto que debajo del florero salía humo pero otro, un profesor de ciencias, negó que se hubiese movido en absoluto.

¿Cómo INTER-PRETAS el mundo?

TRATAMOS DE HALLAR PAUTAS EN LAS COSAS QUE VEMOS

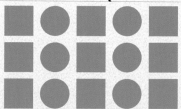

⬆ Ley de la similitud
Solemos agrupar las cosas similares, de modo que la figura se ve como cinco columnas en que alternan cuadrados y círculos y no tres filas que contienen formas distintas.

⬆ Ley de la proximidad
Tendemos a percibir las cosas juntas si están cercanas entre sí. En la figura vemos dos columnas verticales de tres círculos y dos filas horizontales de tres círculos.

LOS SENTIDOS, SOBRE TODO LA VISTA Y EL OÍDO, REÚNEN INFORMACIÓN VITAL SOBRE EL MUNDO QUE NOS RODEA. LA MENTE TIENE QUE INTERPRETAR DICHA INFORMACIÓN PARA QUE SEA ÚTIL. ESTE PROCESO DE ORGANIZAR E INTERPRETAR LA INFORMACIÓN QUE VIENE DE LOS SENTIDOS SE LLAMA PERCEPCIÓN.

> ## EL TODO ES DIFERENTE DE LA SUMA DE SUS PARTES.
> **WOLFGANG KÖHLER**

Reconocer los patrones
En lo que vemos y oímos hay una enorme cantidad de información. La mente examina esta información entrante y trata de interpretarla y de separar lo importante buscando patrones. Por ejemplo, cuando vemos un cuadrado la mente no ve solo cuatro líneas: reconoce esa disposición especial de líneas como un cuadrado. Del mismo modo, reconocemos la forma de una melodía y no nos limitamos a oír una serie de notas separadas. Un grupo de psicólogos de comienzos del siglo xx, liderados por Wolfgang Köhler y Max Wertheimer, fueron los primeros en observar cómo la mente trata de ver si las cosas tienen formas reconocibles, o «esencia», lo que en alemán se llama *Gestalt*.

Seguir las reglas
Los psicólogos de la Gestalt, como se los conoció, creían que la capacidad de interpretar la información que dan los sentidos y reconocer los patrones está «integrada» en el cerebro. Decían que el cerebro

⚐ Ley de la continuidad
Los trazos lisos y continuos son más evidentes que los irregulares o discontinuos. Arriba vemos la curva lisa y ascendente antes que la angulada.

⚐ Ley del cierre
La mente suministra la información que falta en las formas incompletas para separarlas del fondo. Así, esta figura se puede ver como un triángulo sobre tres círculos.

organiza esa información de modos regulares buscando tipos especiales de patrones. Nuestra percepción —la forma en la que interpretamos la información sensorial— parece seguir determinadas «reglas» que conforman las leyes de la Gestalt sobre la percepción. Es idea clave en la psicología de la Gestalt el modo en que objetos separados pueden reunirse para formar algo diferente, y muestra que nuestra percepción inicial de una pauta general es diferente de nuestra percepción de sus partes.

Otra dimensión
Esta capacidad de organizar la información entrante y encontrar patrones nos ayuda a distinguir una cosa de otra. Por ejemplo, si vemos algo que reconocemos como

PENSAR CONSISTE EN COMPRENDER LAS ESTRUCTURAS Y LOS PROCEDIMIENTOS DE ACUERDO CON LO QUE SABEMOS.
MAX WERTHEIMER

una vaca en el campo, estamos distinguiendo entre la figura del animal y el fondo. Incluso cuando miramos una imagen bidimensional de una vaca en el campo seguimos reconociendo la diferencia entre figura y fondo y, según la forma en que se superponen las imágenes, cuáles están más cerca y cuáles más lejos. Además, la mente descifra los patrones de perspectiva de la figura y se hace una idea de la escena tridimensional que representa: cuanto más pequeño es un objeto, más lejos está. La perspectiva nos permite también identificar la dirección en la que se mueven las cosas. Así, si algo se agranda en la televisión, la mente reconoce que se está acercando, y si se empequeñece, que se está alejando. De la misma manera interpretamos el mundo real tridimensional, utilizando las pistas de figura, fondo y perspectiva para conocer la posición relativa de los objetos, lo cual es vital para la vida práctica.

Los bebés aprenden a separar los objetos al compararlos con lo que ven sus ojos y sienten sus manos.

Véanse también: 78–79

IDENTIFICA EL PERRO
A primera vista esta figura solo parece ser un conjunto aleatorio de manchas negras sobre un fondo pálido. Pero si te dicen que es la figura de un dálmata que olisquea el suelo, probablemente discernirás la pauta de marcas negras que conforman el perro de las que forman el fondo.

No **CREAS** a tus

LA PERCEPCIÓN —CÓMO CAPTAMOS LAS COSAS POR MEDIO DE LOS SENTIDOS— NOS PERMITE INTERPRETAR LO QUE VEMOS, OÍMOS Y PALPAMOS. ESTO NOS AYUDA A ENCONTRAR EL CAMINO Y A INTERACTUAR CON EL MUNDO EXTERIOR. PERO A VECES LA MENTE INTERPRETA MAL LA INFORMACIÓN PORQUE ESTA ES AMBIGUA O ERRÓNEA. SI LA PERCEPCIÓN ES INCORRECTA, NO VEMOS EL MUNDO COMO REALMENTE ES.

Ver las cosas

Los psicólogos de la Gestalt demostraron que la mente busca pautas reconocibles en lo que nos dicen los sentidos. Pero a veces nuestra capacidad para distinguir pautas nos abandona. Es posible que no notemos una forma o una estructura en particular, pero también quizá hallemos una pauta que en realidad no está ahí. Según algunos psicólogos cognitivos como Jerome Bruner y Roger Shepard, esto sucede porque cuando la mente organiza la información sensorial, la compara con experiencias anteriores. Tratamos de encontrar las pautas que conocemos o las que esperamos hallar. Por eso la mente puede encontrar algo que cree reconocer y llegar, en cambio, a una conclusión errónea. Un ejemplo de estas formas y pautas que confunden nuestra percepción es la gente que afirma ver imágenes familiares en lugares improbables: una cara en la superficie de Marte o la de Jesús en una tostada. Esto también explica por qué se confunde una nube rara con un OVNI.

Sacar conclusiones

Además de interpretar mal lo que nos dicen nuestros sentidos, a veces la información real también es errónea. Las pautas que escogemos nos dan pistas sobre la alteración de lo que estamos mirando. Por ejemplo, en un cuadro bidimensional el tamaño de las diferentes figuras y cómo se superponen entre sí nos

¿PIGMEO O GIGANTE?

No todas las ilusiones ópticas son bidimensionales. En una habitación de Ames, dos personas de altura normal parecen estar fuera de proporción: una parece un pigmeo y la otra un gigante. Para producir esta ilusión las paredes, el techo y el suelo están inclinados, pero cuando se ve desde un ángulo determinado la habitación parece un cubo normal.

NECESIDADES, MOTIVACIONES Y **EXPECTATIVAS** INFLUYEN EN LA **PERCEPCIÓN.**

JEROME BRUNER

OJOS

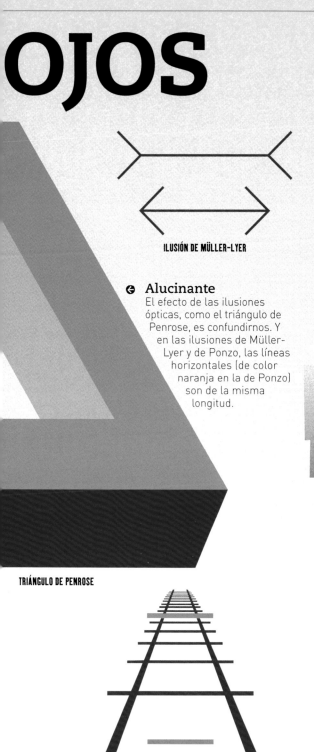

ILUSIÓN DE MÜLLER-LYER

TRIÁNGULO DE PENROSE

ILUSIÓN DE PONZO

LOS antiguos griegos no sabían si las ilusiones ópticas eran un «defecto» de los ojos o de la mente.

⊘ Alucinante
El efecto de las ilusiones ópticas, como el triángulo de Penrose, es confundirnos. Y en las ilusiones de Müller-Lyer y de Ponzo, las líneas horizontales (de color naranja en la de Ponzo) son de la misma longitud.

dan idea de qué objetos están delante y cuáles a distancia. Por lo general, interpretamos correctamente las pistas de la perspectiva —la forma en que se representan los objetos tridimensionales en una imagen bidimensional— pero, a veces, nuestra mente se engaña. Muchas ilusiones ópticas, como las de Ponzo y Müller-Lyer, utilizan el truco de la perspectiva que nos lleva a equivocarnos sobre la medida y la distancia entre objetos. Otras ilusiones ópticas, como el triángulo imposible de Penrose, nos causan mareos porque nuestra percepción entra en conflicto con nuestra experiencia del mundo.

> ## LA PERCEPCIÓN ES UNA ALUCINACIÓN GUIADA DESDE FUERA.
> **ROGER SHEPARD**

La percepción directa

Si nuestra percepción de la perspectiva es errónea, podríamos cometer errores de juicio cuando, por ejemplo, intentamos atrapar una pelota o doblamos una esquina en bicicleta, lo cual sería desastroso para conductores o pilotos. Sin embargo, algunos psicólogos, especialmente J.J. Gibson, opinan que solamente cometemos este tipo de errores cuando interpretamos imágenes bidimensionales de un mundo tridimensional. En el mundo real, el de tres dimensiones, percibimos algo directamente a partir de los sentidos, sin compararlo con experiencias pasadas o con lo que esperamos ver. Así como psicólogos anteriores veían la percepción como dos procesos separados —uno físico que es percibir con los sentidos lo que es alguna cosa y uno mental que es percibir lo que eso significa—, según Gibson, se trata de un proceso único de percepción directa.

PRESTAR ATENCIÓN

La multitarea no existe: tratar de hacer más de una cosa a la vez termina diluyendo la atención y dando malos resultados. Los psicólogos aconsejan sobre el diseño de las cabinas de mando de los aviones para que los pilotos no se distraigan y con esto se han reducido los accidentes.

LUCES ENCENDIDAS

¿Habría que apagar las luces del coche cuando se conduce? Las investigaciones dicen que no; incluso a plena luz del día las luces hacen a los coches más visibles para los demás y se ha demostrado que esto evita accidentes de tráfico.

Psicología cognitiva en el
MUNDO REAL

REGRESO AL LUGAR

Los psicólogos cognitivos descubrieron que es más probable que recordemos algo si volvemos al sitio en el que lo aprendimos. Según esta teoría, a los pacientes se les enseña ejercicios de movilidad en el hospital con un fondo de música que luego pueden poner en casa para recordar las técnicas aprendidas.

LECTURA SALTEADA

Cuando leemos un texto en realidad no miramos cada palabra. Esto se debe a la la forma en que la mente procesa la información. Por ejemplo, ¿has visto la repetición del artículo «la» en la frase anterior? El cerebro suele pasar por alto errores como este, por eso es necesario revisar lo que escribimos.

Las investigaciones sugieren que los relatos de los testigos pueden ser poco fiables. A veces se convoca a psicólogos cognitivos para que asesoren sobre la fiabilidad de los testigos. Este procedimiento ha obligado a cambiar los sistemas legales: en algunos lugares es obligatorio advertir a los jurados de que la memoria es muy imperfecta.

TESTIMONIOS JUDICIALES

DISTRACCIÓN

En la Primera Guerra Mundial las armadas estadounidense y británica camuflaban sus barcos con motivos geométricos llamados «de distracción». El objetivo no era ocultarlos, sino distorsionar la percepción que tenía el enemigo de su alcance, dirección, tamaño, forma y velocidad, y reducir así las bajas causadas por los torpedos.

Los psicólogos cognitivos estudian los procesos mentales: atención, memoria, percepción y toma de decisiones. La comprensión de estas capacidades ha conseguido mejorar la seguridad del tráfico aéreo y de carreteras y el sistema judicial y también puede hacernos recordar información importante para los exámenes.

CONSEJOS PARA ESTUDIAR

Las investigaciones psicológicas podrían mejorar tu técnica de estudio. Recordamos mejor si dividimos las cosas en trozos, así que divide tus notas y ponles títulos claros. También recordamos las cosas cuando las vemos, de manera que trata de utilizar garabatos y diagramas cuando estás estudiando.

TIEMPO DE RIMAS

Si quieres que alguien te crea, habla en rimas. Los psicólogos compararon las versiones rimadas de algunos dichos con las no rimadas y descubrieron que los oyentes consideraban más veraces las versiones rimadas. Por eso los anunciantes suelen emplear consignas rimadas para publicitar sus productos.

¿Qué es lo que me hace **ÚNICO**?

¿Qué te hace tan ESPECIAL?

¿Cómo ERES?

¿De modo que te crees LISTO?

¿Por qué cambias de HUMOR?

¿Qué te MOTIVA?

¿Cambia la PERSONALIDAD?

¿Estás TRISTE?

¿Qué nos hace ADICTOS?

¿Qué es NORMAL?

¿Estás LOCO?

¿Hay personas MALVADAS?

HABLAR cura

¿Es eficaz la TERAPIA?

¡No te preocupes, sé FELIZ!

La psicología diferencial, o individual, se ocupa de los aspectos de nuestra complejidad psicológica, que varían entre las personas. A la vez que estudia aspectos como la personalidad, la inteligencia y las emociones, esta rama de la psicología habla de los trastornos mentales y de cómo pueden tratarse.

¿Qué te hace tan

el sitio donde vives determina si la naturaleza o la crianza influyen más en que seas quien eres.

TODOS TENEMOS RASGOS PSICOLÓGICOS DIFERENTES QUE DETERMINAN QUIÉNES SOMOS. SON DIFERENCIAS DE PERSONALIDAD, INTELIGENCIA, CAPACIDADES Y TALENTOS QUE NOS HACEN ÚNICOS. PERO, ¿DE DÓNDE VIENEN ESOS RASGOS? ¿SOMOS LOS QUE SOMOS DESDE EL NACIMIENTO, O EL MUNDO AL QUE HEMOS VENIDO VA MOLDEANDO NUESTRO CARÁCTER?

¿NOS FORMA NUESTRO ENTORNO O HEMOS NACIDO ASÍ?

LA **NATURALEZA** ES TODO AQUELLO QUE UNA PERSONA TRAE CONSIGO AL MUNDO; LA **CRIANZA** ES TODA INFLUENCIA QUE LE AFECTA DESPUÉS DE NACER.
FRANCIS GALTON

Lo innato frente a lo adquirido

Mucho antes de que la psicología fuera una disciplina científica, los filósofos discutían si nacemos con ciertos conocimientos del mundo o como «hojas en blanco» que lo aprenden todo por experiencia. La opinión estaba dividida por igual. En el siglo XIX, esta discusión pasó a ser una cuestión científica con la publicación de *El origen de las especies*, de Charles Darwin en 1859, y el trabajo de Gregor Mendel sobre la herencia genética. Ambos demostraron que al menos algunas características —tanto conductuales como físicas— son heredadas. Aun así, muchos continuaron creyendo que es nuestro entorno el que nos moldea. Un primo de Darwin, Francis

◉ Crecimiento del carácter

Los psicólogos discuten si somos quienes somos desde que nacemos o si el mundo que nos rodea influye en nuestro carácter. Muchos creen que es una combinación de ambos, como el árbol que crece solo pero se le da forma al podarlo.

ESPECIAL?

Galton, fue uno de los primeros en estudiar las pruebas científicas y acuñó la expresión «lo innato frente a lo adquirido» que describe las dos caras de la polémica.

¿Estamos programados genéticamente?

Cuando la psicología llegó a ser considerada una ciencia, la cuestión de lo innato frente a lo adquirido dividió la opinión de los psicólogos. En la década de 1920 aparecieron dos opiniones muy distintas sobre qué determina nuestras características psicológicas. El psicólogo del desarrollo Arnold Gesell afirmó que los seres humanos estamos programados genéticamente para pasar por pautas de evolución que determinan el carácter. Todos hacemos los mismos cambios en el mismo orden, cambios que, según él, son «relativamente impermeables a la influencia del entorno». En un proceso que Gesell llamó «maduración», estas pautas de cambio hacen surgir nuestras capacidades y características heredadas a medida que crecemos físicamente. Por otro lado, según el psicólogo conductista John B. Watson, no heredamos rasgos psicológicos y nuestro carácter está moldeado solo por el entorno en el que nos criamos y especialmente por la formación que hemos recibido.

Un poco de cada cosa

La discusión sobre lo innato y lo adquirido continúa en la actualidad, y los diferentes enfoques de la psicología se han decantado por la importancia de la herencia o el entorno. Así, mientras la teoría de Darwin y la genética de Mendel

afirman que la parte más importante es la innata, las teorías del conductismo y la psicología social de comienzos del siglo xx subrayan la importancia de lo adquirido. Más tarde, como un péndulo, la discusión se puso del lado de lo innato gracias a los descubrimientos de la genética moderna y de la biopsicología, y al nuevo campo de la psicología evolutiva inspirada por Darwin. En la actualidad, muy pocos psicólogos adoptan puntos de vista tan extremos como los de Gesell o Watson, y se acepta que tanto lo innato como lo adquirido intervienen en la determinación de los rasgos humanos. Ahora bien, puede que los psicólogos aún discutan sobre qué cantidad exacta de cada factor conforma nuestras características individuales.

Véanse también: 18–19

VER DOBLE

Una manera de comparar la importancia de lo innato y lo adquirido es estudiar a gemelos idénticos, en especial si los separaron muy pronto y los criaron familias distintas. Los gemelos idénticos tienen la misma estructura genética, o sea, que posiblemente las diferencias en la capacidad, inteligencia y personalidad sean efecto de sus diferentes crianzas.

¿Cómo ERES?

CUANDO HABLAMOS DEL TIPO DE PERSONA QUE ES ALGUIEN, GENERALMENTE DESCRIBIMOS CÓMO PIENSA Y SE COMPORTA. POR EJEMPLO, UNA PERSONA PUEDE SER ALEGRE, RELAJADA Y EXTRAVERTIDA, O HURAÑA, ANSIOSA Y TÍMIDA. ES LA COMBINACIÓN ESPECIAL DE ESTAS CARACTERÍSTICAS LO QUE CONFORMA NUESTRAS PERSONALIDADES ÚNICAS.

Rasgos del carácter

Gordon Allport fue un pionero del estudio de la personalidad. Advirtió que todos los idiomas poseen gran cantidad de palabras para describir los aspectos de la personalidad, lo que él llamó «rasgos». Según Allport, hay dos tipos básicos de rasgos de la personalidad: los comunes, que hasta cierto punto tienen todos los que comparten el mismo trasfondo cultural; y los individuales, que varían según las personas. Cada uno posee una combinación de esos rasgos individuales, de los que unos son más dominantes que otros. Los principales rasgos que conforman la personalidad general son los centrales, pero también tenemos rasgos secundarios que se revelan con menor coherencia en nuestros gustos y preferencias y solo en ciertas situaciones. Allport identificó en algunas personas un rasgo exclusivo o cardinal: crueldad, codicia o ambición, que se impone a otros aspectos del carácter.

¿Eres introvertido o extravertido?

Al analizar estadísticas de diferentes personalidades, Hans Eysenck elaboró una teoría que se centraba más en los tipos que en los rasgos. Allí donde Allport había identificado una cantidad de rasgos casi infinita, Eysenck los vio como puntos en un espectro de factores comunes que componen la personalidad (*véase* el modelo de personalidad, a la derecha). Estableció que era posible definir cada tipo de personalidad midiéndolo en dos escalas: según lo tímida o lanzada (introvertida o extravertida) o emocionalmente segura o insegura (estable o neurótica) que sea la persona. Posteriormente añadió una tercera escala, el psicoticismo, que mide la clase de características que se hallan entre personas con trastornos mentales serios. Eysenck pensaba que todos los tipos de personalidad pueden definirse según el grado que muestren estas tres características: extraversión (E), neuroticismo (N) y psicoticismo (P). La personalidad de la mayoría de la gente se sitúa entre los extremos de estas escalas e incluso un nivel alto de psicoticismo, por ejemplo, no significa que la persona sea psicótica, sino solo que muestra algunas características que se encuentran en los psicóticos.

La poca iluminación impulsa a ser menos sinceros y más dados a engañar, y la brillante todo lo contrario.

Los «Cinco grandes»

La teoría de Eysenck de los tipos de personalidad fue modificada por Raymond Catell, entre otros, quien señaló que nuestras personalidades no son constantes: nos comportamos de modo diferente en situaciones distintas y podemos revelar variados aspectos de nuestra personalidad. Otros, como George Kelly, pensaban que la idea que tenemos de nuestra propia personalidad —cómo interpretamos nuestras observaciones y experiencias— puede ser

SE PUEDE DECIR QUE ALGUIEN TIENE UN RASGO, PERO NO QUE TIENE UN TIPO.

GORDON ALLPORT

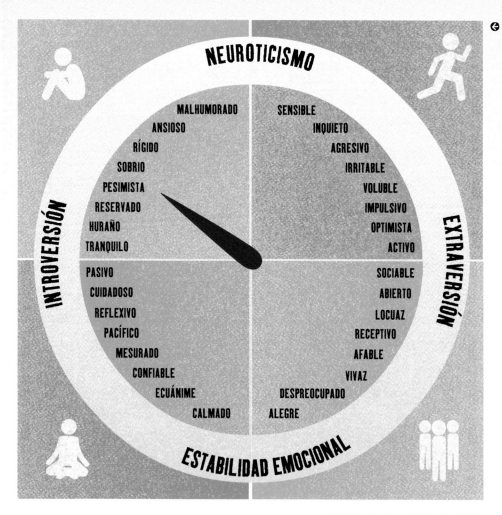

NEUROTICISMO

MALHUMORADO
ANSIOSO
RÍGIDO
SOBRIO
PESIMISTA
RESERVADO
HURAÑO
TRANQUILO

SENSIBLE
INQUIETO
AGRESIVO
IRRITABLE
VOLUBLE
IMPULSIVO
OPTIMISTA
ACTIVO

INTROVERSIÓN

EXTRAVERSIÓN

PASIVO
CUIDADOSO
REFLEXIVO
PACÍFICO
MESURADO
CONFIABLE
ECUÁNIME
CALMADO

SOCIABLE
ABIERTO
LOCUAZ
RECEPTIVO
AFABLE
VIVAZ
DESPREOCUPADO
ALEGRE

ESTABILIDAD EMOCIONAL

Cuatro tipos

El modelo de personalidad de Hans Eysenck se basa en escalas opuestas. Cada cuarto contiene rasgos que pueden existir en una persona de ese tipo: así, una persona introvertida neurótica puede tender al pesimismo.

Véanse también: 88–89, 96–97

distinta de lo que ven los demás. Denominó «constructo personal» a esta interpretación singular. En la década de 1960, los psicólogos elaboraron un sistema de tipos de personalidades de acuerdo con cinco factores (contrariamente a los tres de Hans Eysenck). En el modelo de los «Cinco grandes» los tipos son la extraversión y el neuroticismo, igual que los de la teoría de Eysenck. Sin embargo, se reemplaza el psicoticismo por la responsabilidad y la agradabilidad, y se introduce una nueva categoría conocida como «apertura a la experiencia». Hoy, la mayoría de psicólogos acepta los Cinco grandes como la forma más útil y fiable de clasificar los tipos de personalidad.

PRIMERAS IMPRESIONES

Quizá haya algo de verdad en que se puede «leer» el carácter de la gente en su rostro. Todos juzgamos por las apariencias y personas diferentes pueden llegar a conclusiones muy parecidas sobre alguien. Recientes investigaciones demuestran que las primeras impresiones pueden ser muy exactas al identificar rasgos de personalidad: una mirada esquiva suele indicar que la persona es introvertida.

GORDON ALLPORT

1897–1967

Considerado el fundador de la psicología de la personalidad, Allport pasó la mayor parte de su vida laboral en la Universidad de Harvard. Nació en Indiana (EE UU), era hijo de un médico rural y cuando tenía seis años la familia se trasladó a Ohio. Primero estudió filosofía y economía en Harvard y después de pasar un año en Estambul (Turquía), volvió y se doctoró en psicología. También estudió en Alemania e Inglaterra, pero enseñó en Harvard desde 1924 hasta su muerte.

EL DON DE LAS PALABRAS

Desde el principio, Allport se interesó por la personalidad y en 1921 escribió un libro con su hermano mayor, Floyd Henry (psicólogo social), sobre la idea de los rasgos de personalidad. Más adelante, Allport y un compañero extrajeron de los diccionarios unas 18.000 palabras sobre las características humanas y las organizaron en las categorías de los rasgos que conforman la personalidad.

De niño, Allport era tímido y solitario y, a veces, se reían de él porque solo tenía ocho dedos en los pies.

CIRCUNSTANCIAS CAMBIANTES

Según Allport, nuestras personalidades no son fijas. Si bien algunos rasgos son constantes, otros cambian con el tiempo y otros solo se ven en determinadas situaciones. Puso el ejemplo de Robinson Crusoe, quien solo mostró algunos rasgos cuando halló a un compañero en la isla desierta. Se pregunta Allport: «¿Acaso Robinson Crusoe carecía de rasgos de personalidad antes de la llegada de Viernes?».

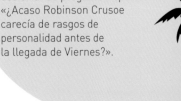

¿MOTIVO o IMPULSO?

En su obra sobre las razones de nuestra conducta, Allport distingue entre lo que llama motivos e impulsos. La razón original de que hagamos algo, el motivo, puede dar origen a un impulso totalmente aparte. Por ejemplo, el motivo para que un hombre entre en política puede ser mejorar la sociedad y ayudar a la gente, pero esto puede derivar en un impulso de adquirir poder por el poder mismo.

«La **personalidad** es algo demasiado complejo como para meterlo en una **camisa de fuerza conceptual**.»

BUENOS VALORES

Allport creía que lo que la gente valora en la vida dice mucho sobre su personalidad, por lo que dirigió un estudio en el que formulaba preguntas de opción múltiple para saber lo que sienten las personas sobre seis áreas básicas de valores: teórica, su búsqueda de la verdad; económica, lo que consideran útil; estética, su concepto de la belleza; social, procurar el afecto de los demás; política, la importancia del poder; y religiosa, su necesidad de unidad y moralidad.

¿De modo que te crees **LISTO**?

INTRAPERSONAL
LA GENTE CAPAZ DE EXPRESARSE ES BUENA ESCRIBIENDO, DIBUJANDO Y EN ACTIVIDADES INDEPENDIENTES COMO LLEVAR UN DIARIO.

INTERPERSONAL
ALGUNAS PERSONAS TIENEN EL DON DE COMPRENDER E INTERACTUAR CON OTROS Y SOBRESALIR EN ACTIVIDADES DE GRUPO.

LÓGICA
LA CAPACIDAD DE RAZONAR, ANALIZAR PROBLEMAS Y EXPLORAR PAUTAS HACE A ALGUNAS PERSONAS APTAS PARA RESOLVER ENIGMAS.

ALGUNAS PERSONAS SON BUENAS EN DEPORTES Y OTRAS NO; IGUAL QUE LAS HAY QUE TIENEN MÁS CAPACIDADES MENTALES. ESTAS PERSONAS SE CONSIDERAN INTELIGENTES, PERO NO ES FÁCIL DEFINIR EXACTAMENTE QUÉ QUEREMOS DECIR CON INTELIGENCIA NI HALLAR UN MODO DE MEDIRLA. ASÍ COMO HAY MUCHOS TIPOS DE TALENTOS FÍSICOS, QUIZÁ HAYA DIFERENTES TIPOS DE INTELIGENCIA.

La medición de la inteligencia

El Gobierno francés pidió a uno de los primeros psicólogos que estudiaron la inteligencia, Alfred Binet, que tratara de identificar a los niños que necesitaban más ayuda en sus estudios. Con su colega Théodore Simon, Binet ideó una prueba para medir la capacidad mental general, que está considerada la primera prueba de medición de la inteligencia. Desde entonces se han creado otras muchas que miden el cociente intelectual, o CI. Es decir, el valor numérico de la inteligencia de una persona, que prueba cuánto más o menos inteligente se es que la media, situada en un CI de 100. Algunos psicólogos cuestionaron la fiabilidad de estas pruebas porque las preguntas reflejaban las ideas de su creador sobre la inteligencia —la mayoría de las veces de la capacidad matemática y del lenguaje—, mientras que las personas con capacidad en otras áreas

CORPORAL CINESTÉSICA
HAY OTRAS QUE USAN BIEN SU CUERPO: DESTACAN CONSTRUYENDO COSAS, PRACTICAN DEPORTES Y SE COMUNICAN CON EL LENGUAJE CORPORAL.

LINGÜÍSTICA
OTRAS TIENEN EL DON DE LAS PALABRAS: SOBRESALEN EN LEER, ESCRIBIR, HABLAR, LOS JUEGOS DE PALABRAS Y LAS PRESENTACIONES.

MUSICAL
ALGUNAS TIENEN BUEN SENTIDO DEL RITMO, DE LA MELODÍA Y DE LA ARMONÍA Y TALENTO PARA TOCAR INSTRUMENTOS.

ESPACIAL
PERSONAS COMO PINTORES Y DISEÑADORES TIENEN CLARA CONCIENCIA DEL ESPACIO Y LA FORMA Y ADVIERTEN LOS DETALLES SUTILES.

MALABARES CON DIFERENTES TIPOS DE INTELIGENCIA

puntuaban bajo. También había un sesgo cultural basado en la idea occidental de la inteligencia, por lo que las personas de otras culturas salían mal paradas. Medir la inteligencia también da la impresión de que se trata de una cualidad invariable sobre la que el entorno no influye. En ocasiones, se utilizó esta idea para decir que algunas razas son genéticamente menos inteligentes que otras.

De lo general a lo específico

Otro problema de las pruebas de inteligencia fue: qué es exactamente lo que se está probando. Algunas personas son buenas en matemáticas, otras en lengua, pero ¿sus talentos surgen de cierta cualidad general que llamamos inteligencia? Y, si es así, ¿cómo se puede medir? En Reino Unido, Charles Spearman descubrió que las personas que salían bien paradas de algunas pruebas también puntuaban alto en otras. Defendió que existe una inteligencia general innata y otra específica para ciertas tareas. En EE UU, mientras tanto, los psicólogos rechazaron la idea de una inteligencia general única. J.P. Guilford afirmó que la inteligencia comprende muchos tipos diferentes de capacidad mental, que se combinan de muchas formas para formar hasta 150 tipos de inteligencia distintos. Raymond Cattell aceptó la idea de la inteligencia general de Spearman pero dijo que consistía tanto en «inteligencia fluida» (la capacidad de resolver problemas nuevos por razonamiento) como en «inteligencia cristalizada» (la capacidad basada en los conocimientos que dan la educación y la experiencia).

Inteligencias múltiples

Los psicólogos posteriores ampliaron más la definición y la alejaron de la noción de inteligencia general. Robert Sternberg consideraba que es la

> SI SÉ QUE ERES MUY **BUENO** EN **MÚSICA**, SOY CAPAZ DE **PREDECIR** CON UNA EXACTITUD DE CASI **CERO** SI VAS A SER BUENO O MALO EN **OTRAS COSAS.**
> **HOWARD GARDNER**

capacidad de procesar información para resolver problemas, e identificó tres tipos de tal capacidad: analítica, la capacidad de finalizar una prueba de inteligencia tradicional; creativa, la capacidad de resolver problemas nuevos y ver las cosas desde una perspectiva distinta; y práctica, la capacidad de aplicar el talento y los conocimientos a los problemas. Howard Gardner llevó más lejos la idea de los diferentes tipos de inteligencia y opinó que tenemos «inteligencias múltiples»: cada uno un sistema aparte en una zona de competencia distinta. Al principio relacionó siete tipos de inteligencia (*véase* la ilustración de la izquierda). Medirla en estas áreas separadas pero interactuantes muestra las capacidades concretas de la gente y también ayuda a eliminar la falsa idea, que da la medición de la inteligencia general, de que algunas culturas o razas son más inteligentes que otras.

> el tamaño del cerebro no se correlaciona con la inteligencia. el de Albert Einstein era más ligero que la media.

PARTIR CON VENTAJA

En 1968, un experimento en una zona pobre de Milwaukee (EE UU) dividió en dos grupos a 40 recién nacidos. Al primer grupo se le dio educación preescolar y alimentos de alta calidad y se formó a sus madres para atenderlos y para conseguir empleo. Al comenzar la primaria, estos niños tenían CI más altos que los que no recibieron beneficios. Sin embargo, al quitárselos, los CI altos fueron disminuyendo de manera progresiva, lo que indica que el entorno influye en la inteligencia.

¿Por qué cambias

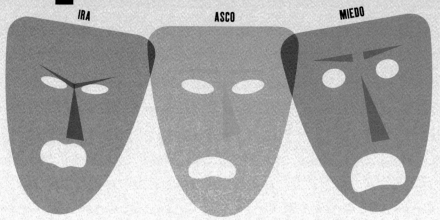

IRA ASCO MIEDO

NUESTRAS EXPERIENCIAS NOS CAUSAN FELICIDAD, TRISTEZA, MIEDO O IRA. LAS EMOCIONES AFECTAN A NUESTRO MODO DE PENSAR Y HASTA PUEDEN CAUSAR UNA REACCIÓN FÍSICA. NUESTRO CONTROL CONSCIENTE DE LAS REACCIONES EMOCIONALES ES MUY ESCASO Y, CON FRECUENCIA, SON TAN POTENTES QUE ES DIFÍCIL OCULTARLAS O CONTROLAR NUESTRA CONDUCTA.

Véanse también: 46–47, 94–95

¿Controlas tus emociones?

Siempre se ha creído que aprendemos las emociones de los que nos rodean mientras crecemos y que las respuestas emocionales difieren entre culturas. Uno de los primeros en cuestionar esta idea fue Charles Darwin, quien afirmó que las reacciones físicas, como las expresiones faciales y el comportamiento, se relacionan con las mismas emociones en todas las razas y culturas. Posteriormente, los psicólogos confirmaron esta teoría, pero además descubrieron que las emociones son involuntarias. El psicólogo holandés

Nico Frijda afirmó que son reacciones que nos preparan para enfrentarnos con las experiencias vitales. Estas respuestas involuntarias no solo se sienten en el interior, sino que incluyen reacciones físicas espontáneas, como la risa o el rubor, y también expresiones faciales que muestran las emociones a los demás. A diferencia de las emociones mismas, podemos controlar estos sentimientos y ocultarlos.

Emoción avasalladora

El psicólogo Paul Ekman viajó por todo el mundo estudiando las expresiones físicas de la emoción en diferentes culturas. Identificó seis emociones primarias: ira, asco, miedo, felicidad, tristeza y sorpresa. Al igual que Frijda, observó que no son conscientes, sino que se presentan antes de que nos demos cuenta y son difíciles de controlar. Más

LA EMOCIÓN ES UN PROCESO BÁSICAMENTE INCONSCIENTE.
NICO FRIJDA

de HUMOR?

TRISTEZA · FELICIDAD · SORPRESA

TODOS TENEMOS SEIS EMOCIONES BÁSICAS.

⊗ Enmascarar los sentimientos
Paul Ekman identificó seis emociones primarias, comunes en todas las culturas, y comprobó que son tan poderosas que es imposible que el rostro no las refleje.

LAS EMOCIONES SON TRENES SIN FRENOS.

PAUL EKMAN

aún: pueden ser tan poderosas que anulen nuestros impulsos más básicos. Así, aunque tengamos mucha hambre, algo que nos causa asco nos impedirá comer; y la tristeza hasta nos puede quitar las ganas de vivir. Ekman también comprobó que ocultar las emociones es muy difícil. Aunque tratemos de poner «cara de póquer», hay pequeños signos o microexpresiones capaces de delatar nuestros sentimientos reales. Estos son los «gestos» que busca en su contrincante el jugador de póquer experto.

¿Qué sucede primero?
La mayoría de los psicólogos coincide en que las emociones son involuntarias, pero todavía se discute cómo están conectadas con las reacciones físicas y con el pensamiento y la conducta consciente. El sentido común nos dice que una emoción como el miedo aparece antes que los signos físicos como sudor, temblor y taquicardia, y de las ganas de correr. Pero William James y Carl Lange opinaban que es al revés: si ves algo que te asusta, primero sudas y tiemblas y esta reacción desencadena el miedo. Por otro lado, según Richard Lazarus, antes de la respuesta emocional, algún tipo de proceso del pensamiento (que puede ser automático e inconsciente) tiene que hacerse cargo de la situación, y también Robert Zajonc creía que las emociones y los procesos del pensamiento están totalmente separados y que quizá las emociones aparezcan primero.

> Las mujeres son más rápidas y precisas que los hombres en captar las emociones ajenas.

SONRÍE Y SÉ FELIZ
Algunos psicólogos opinan que las expresiones faciales afectan a los sentimientos. En un estudio se pidió a los voluntarios que sonrieran o fruncieran el ceño mientras leían tebeos, informándoles de que formaban parte de un experimento para medir los músculos faciales. Al preguntarles sobre los tebeos, los sonrientes los encontraron más graciosos que los ceñudos.

¿Qué te MOTIVA?

ejercitar la voluntad exige esfuerzo. por eso caemos en la tentación cuando estamos cansados.

HAY MUCHOS MOTIVOS POR LOS QUE NOS COMPORTAMOS DE CIERTO MODO. NUESTRAS ACCIONES TIENEN UN OBJETIVO Y ALGO NOS IMPULSA A CUMPLIRLO. A VECES SON NECESIDADES CLARAS: COMEMOS PORQUE TENEMOS HAMBRE; Y A VECES HACEMOS COSAS POR LA RECOMPENSA. PERO LAS NECESIDADES Y RECOMPENSAS QUE NOS MOTIVAN NO SIEMPRE SON EVIDENTES.

Véanse también: 26–27, 102–103

Satisfacer los impulsos

Para sobrevivir necesitamos muchas cosas: respirar, comer, beber, hallar cobijo y protegernos de los peligros. Cuidar nuestro bienestar motiva gran parte de nuestra conducta y las necesidades fisiológicas provocan muchas de nuestras acciones. Las experimentamos como una urgencia, una «compulsión»: por ejemplo, la compulsión del hambre nos motiva a encontrar comida. Según el psicólogo Clark Hull, nuestro comportamiento es el resultado de tratar de satisfacer las compulsiones del hambre y la sed, la necesidad de descanso y actividad, y la urgencia de reproducirnos. Otros psicólogos fueron más lejos y afirmaron que tenemos compulsiones de algo más que el bienestar físico, es decir, otras necesidades que nos motivan:

> ## LO QUE UN HOMBRE PUEDE SER, DEBE SERLO.
> ### ABRAHAM MASLOW

tenemos que satisfacer la necesidad de salud psicológica y las sociales de respeto, compañía y afecto por parte de los demás. Por esto, a veces, los psicólogos distinguen entre necesidades físicas y las compulsiones psicológicas que influyen en la conducta.

A la caza de recompensas

Aunque reconocen el efecto de esas compulsiones en la conducta cotidiana, los psicólogos también señalan que el hedonismo nos motiva: obtener placer y evitar el dolor. Esta fue una idea central de la teoría psicoanalítica de Sigmund Freud, pero los conductistas, en especial B.F. Skinner, también creían que hay algún tipo de premio, o de evitar el malestar, que motiva nuestra conducta. No solo comemos para calmar el hambre, sino porque la comida es placentera y las punzadas del hambre son molestas. La idea de una recompensa explica qué nos motiva a hacer cosas que no tienen que ver con el bienestar físico. Por ejemplo, aunque es cierto que los niños aprenden jugando, no es aprender lo que les

ZANAHORIA O PALO

No siempre una recompensa aumenta la motivación. En un estudio, unos niños que disfrutaban dibujando recibieron un premio por sus obras. Después, esos niños dibujaban menos que los que no habían recibido ningún premio. Al principio dibujaban por placer —la recompensa interna— y no por dinero o alabanzas. El premio transformó en trabajo lo que era un juego placentero.

NECESIDADES DE AUTORREALIZACIÓN
CUANDO HEMOS HECHO PLENO USO DE NUESTRAS CAPACIDADES Y ENCONTRADO NUESTRO OBJETIVO VERDADERO, ALCANZAMOS LA AUTORREALIZACIÓN.

motiva: juegan porque les divierte. También los adultos hacen cosas que no tienen una recompensa concreta, como las aficiones o los deportes. Algunas actividades —los deportes extremos o beber alcohol— en realidad pueden afectar negativamente nuestro bienestar físico, pero se siguen haciendo porque la gente las disfruta. Y en el trabajo, donde se diría que la motivación principal es ganar dinero para pagar la hipoteca y comprar comida, muchas veces la gente disfruta porque satisface las compulsiones de realización, respeto o poder.

Una jerarquía de necesidades
Desde luego, las necesidades fisiológicas como la comida o el agua son más importantes que la psicológica de resolver un

problema o la social de tener compañía. Hay muchas clases de necesidades que, según Abraham Maslow, pueden colocarse en orden de urgencia. Su «jerarquía de necesidades» suele presentarse como una pirámide con las necesidades físicas básicas en la base. Por encima, hay diversos niveles de necesidades, como seguridad, amor y autoestima; y en la cumbre están las que, aparentemente, no son esenciales: autorrealización (alcanzar nuestro potencial total) y autotrascendencia (actuar por una causa más alta que nosotros mismos). Maslow creía que para vivir una vida plena debemos satisfacer las necesidades en todos los niveles.

NECESIDADES DE ESTIMA
NECESITAMOS SENTIR QUE SE NOS VALORA Y RESPETA Y NOS ENORGULLECEN NUESTROS LOGROS ACADÉMICOS Y DEPORTIVOS.

NECESIDADES SOCIALES
DESEAMOS EL SENTIMIENTO DE PERTENENCIA, Y BUSCAMOS AFECTO Y ACEPTACIÓN DE AMIGOS, FAMILIA Y ALLEGADOS.

NECESIDADES DE SEGURIDAD
ES IMPORTANTE SENTIRNOS RESGUARDADOS Y A SALVO DE LOS ELEMENTOS Y LIBRES DE PELIGRO Y DE MIEDOS.

NECESIDADES BÁSICAS
PARA SOBREVIVIR NECESITAMOS RESPIRAR, COMER Y BEBER, ESTAR ABRIGADOS, REPRODUCIRNOS Y DORMIR.

⊙ El camino hacia la plenitud
La jerarquía original de Maslow eran cinco conjuntos de necesidades que se consideran etapas esenciales en el camino hacia la total satisfacción.

EL CAMINO HACIA LA AUTORREALIZACIÓN

¿Cambia la PERSO

SU RAMA PARECE MEJOR QUE LA MÍA...

Y ESO ME PONE REALMENTE FURIOSO.

HE ENCONTRADO UN SITIO AL SOL...

ESTOY TRISTE...

**NUESTRA
PERSONALIDAD
SE ADAPTA A LAS
SITUACIONES.**

Véanse también: 86-87, 94-95

CUANDO HABLAMOS DE PERSONALIDAD,
SOLEMOS PENSAR EN CÓMO ES LA GENTE Y
CÓMO SE COMPORTA. PERO, ¿SE TRATA DE LA
PERSONALIDAD CON LA QUE HAN NACIDO, LA QUE
EVOLUCIONA AL CRECER? ¿O TENEMOS DIFERENTES
PERSONALIDADES PARA CIRCUNSTANCIAS DISTINTAS?

La evolución de la personalidad

Las dos teorías más importantes de la
personalidad, la de los tipos de Hans
Eysenck y la de los rasgos de Gordon Allport,
difieren acerca de cuánta personalidad es
innata y cuánta la determina el entorno. La
teoría de Eysenck sostiene que es innata y
que está determinada por la genética, y, por
tanto, en gran medida, es fija y no cambia. La
teoría de Allport afirma que la personalidad
cambia con el tiempo y como respuesta a las
circunstancias. Carl Rogers y Abraham

Maslow ampliaron esta teoría y dijeron
que es posible modificar la personalidad
para el crecimiento personal. Hoy día, la
mayoría de los psicólogos cree que tanto
la genética como el entorno contribuyen a
moldearla y que va cambiando mientras
superamos las diversas etapas de la vida.

Situaciones diferentes

Estas teorías difieren en lo que creen que
determina la personalidad y en cuánto
cambia esta con el tiempo, pero coinciden

NALIDAD?

en que las personas están predispuestas a comportarse de un modo determinado, independientemente de la situación. El psicólogo estadounidense Walter Mischel puso en entredicho esta opinión, pues creía que, en realidad, los rasgos de la personalidad son malos pronosticadores del comportamiento y que la manera en que se comporta la gente en diferentes circunstancias es poco coherente. Mischel sostuvo que debemos buscar pruebas de la personalidad de una persona no en los rasgos relativamente fijos, sino más bien en cómo actúa en situaciones distintas. Después de todo, la mayoría de nosotros deduce la personalidad de alguien por sus acciones y no por los rasgos que afirma

> **TODA TEORÍA QUE AFIRME QUE LA PERSONALIDAD ES ESTABLE, FIJA O INVARIABLE, ESTÁ EQUIVOCADA.**
> GORDON ALLPORT

y del mismo modo cambia la conducta, revelando diferentes aspectos de nuestra personalidad. Y los rasgos que con más frecuencia y más fuerza se muestran en la conducta también cambiarán según las circunstancias, presentándose como un cambio en la personalidad.

Comportamiento revelador

No todos los psicólogos aceptaron el vuelco que dio Mischel a las ideas tradicionales de los tipos y los rasgos de la personalidad a favor de la teoría del situacionismo. Mischel demostró que existe cierta interacción entre la conducta de una persona en diferentes situaciones y los rasgos que forman su personalidad, lo que ha producido un salto en el estudio de la personalidad: de observar cómo se puede utilizar la personalidad para predecir la conducta a la conducta como reveladora de la personalidad.

> En menos de un segundo, el cerebro juzga la atracción, la competencia y la agresividad de una persona.

> **SIN PISTAS MEDIOAMBIENTALES, LA CONDUCTA SERÍA ABSURDAMENTE CAÓTICA.**
> WALTER MISCHEL

tener. Este criterio se llama situacionismo. Por ejemplo, puede que todos (incluso él mismo) consideren que una persona es calmada, de modales tranquilos y que ante tareas difíciles, como exámenes, suele mostrar estas características. No obstante, cuando debe hablar en público se pone muy nerviosa y cuando se ve en una situación de competitividad, como en un deporte, se vuelve agresiva. Todos esos rasgos son parte de su personalidad, pero solo afloran en ciertos momentos. Las situaciones de la vida van cambiando,

TRES CARAS

En un célebre caso llevado al cine como *Las tres caras de Eva*, una mujer mostraba dos personalidades bien distintas —una pulcra y remilgada y la otra salvaje e irresponsable— que parecían llevar vidas separadas. El tratamiento hizo surgir una tercera personalidad, que conocía a las otras dos y era capaz de equilibrarlas.

¿Estás TRISTE?

EN ALGÚN MOMENTO TODOS NOS SENTIMOS TRISTES. SUELE DEBERSE A QUE EN NUESTRA VIDA HA SUCEDIDO ALGO, COMO UN FALLECIMIENTO O SIMPLEMENTE UNA DESILUSIÓN, Y CON EL TIEMPO LO SUPERAMOS. HAY VECES, SIN EMBARGO, EN QUE LA TRISTEZA SE VUELVE ABRUMADORA. PERO, ¿EXISTE UNA DIFERENCIA REAL ENTRE TRISTEZA Y DEPRESIÓN?

Tristeza y depresión

Es muy normal sentirse triste cuando te pasa algo malo. Pero si la tristeza es desproporcionada a su causa y el estado de ánimo negativo continúa, pensamos en un trastorno que se llama depresión. La causa de esta no es externa, sino algo dentro de nosotros que podría ser un problema neurológico o psicológico. La frontera entre tristeza y depresión no está bien definida. El psicólogo Aaron Beck ideó un cuestionario de opciones múltiples, el «inventario de la depresión» de Beck, que mide la infelicidad y la negatividad por medio de puntos en una escala que va desde la tristeza hasta la depresión grave. Los psiquiatras también cuentan con un conjunto de criterios que determina si una persona sufre lo que llaman un trastorno depresivo importante, que comprende síntomas como sensación de infelicidad continua y la pérdida de interés y de placer en las actividades habituales.

Deja de echarte la culpa

Los psiquiatras ven la depresión como un trastorno que produce cambios en el cerebro que se tratan con fármacos antidepresivos. La psicología, en cambio, considera que las causas de la depresión son psicológicas y no biológicas. Entre los más notables de estos últimos destaca Albert Ellis, de mediados del siglo xx, quien afirmó que una respuesta irracional a los

> LAS **PERSONAS** Y LAS **COSAS** NO NOS ALTERAN. MÁS BIEN NOS ALTERAMOS **NOSOTROS MISMOS** AL CREER QUE NOS ALTERAN.
> ALBERT ELLIS

si compramos cuando estamos deprimidos gastamos más dinero: compramos cosas para sentirnos mejor.

acontecimientos negativos —y no a los acontecimientos en general— es capaz de transformar la felicidad en depresión. Aaron Beck trabajó sobre esta idea en su teoría de que la depresión es el resultado de una visión negativa poco realista del mundo. Esta es la actitud que Martin Seligman llamaba «indefensión adquirida»: los sucesos negativos nos hacen sentir que no somos capaces de controlar lo que nos pasa. Según como interpretamos los sucesos negativos, como pensar: «soy estúpido», «ese tipo de cosas siempre las hago mal» o «me equivoco en todo», nos sobreviene el desaliento y la depresión. También la idea de la propia culpa, según la psicóloga australiana Dorothy Rowe, quien sostenía que la infelicidad se hace depresión cuando las personas se culpan de lo malo que sucede en su vida y del abatimiento resultante.

La tristeza es normal

Hay una visión más extrema de la depresión que afirma que no es un trastorno, sino solo una forma seria de infelicidad. Rollo May pensaba que el sufrimiento y la tristeza son partes inevitables de la vida y que, en lugar de verlos como trastornos o enfermedades, debemos aceptar como normales y naturales los sentimientos negativos. En realidad, May afirmó que son parte

Véanse también:
110–111, 112–113

PARA CONVERTIR LA TRISTEZA NATURAL EN DEPRESIÓN, TODO LO QUE HAS DE HACER ES CULPARTE A TI MISMO POR EL DESASTRE QUE TE HA SUCEDIDO.
DOROTHY ROWE

esencial de nuestro crecimiento y evolución psicológicos. También otros psicólogos señalaron que la depresión es un problema de la sociedad occidental, quizá porque la idea occidental es que lo normal es ser feliz. Pero es posible que esta sea una expectativa poco realista, que nos lleva a sentirnos ansiosos y culpables por ser infelices, lo que en última instancia causa depresión.

NO TE DEPRIMAS...

MIRA EL LADO BUENO DE LA VIDA.

DETECTAR EMOCIONES

Es posible que las personas deprimidas sean más capaces de detectar emociones. Se pidió a los alumnos de la Queen's University de Canadá que mirasen fotos de ojos de otras personas para ver si podían decir qué emociones sentían. Los alumnos clasificados como deprimidos acertaron mucho más que los no deprimidos y reconocieron las emociones tanto positivas como negativas.

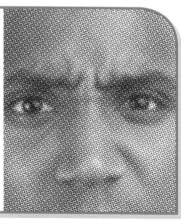

¿Qué nos hace **ADICTOS**?

EXISTEN MUCHAS DROGAS QUE AFECTAN AL FUNCIONAMIENTO DEL CEREBRO. ESTAS DROGAS PSICOACTIVAS SUELEN UTILIZARSE COMO MEDICINAS, PERO MUCHAS SE USAN COMO «RECREACIÓN» (POR PLACER). LA MAYORÍA DE LA GENTE TOMA DROGAS, COMO CAFEÍNA, CADA DÍA, PERO HAY QUIENES LAS USAN CON FRECUENCIA Y NO PUEDEN PRESCINDIR DE ELLAS.

SABES QUE TIENES UN PROBLEMA CUANDO...

NO RINDES EN EL INSTITUTO O EN EL TRABAJO: HACES LAS COSAS MAL O NO TE PRESENTAS.

CONSUMES DROGAS INCLUSO EN SITUACIONES DE RIESGO FÍSICO, COMO CUANDO CONDUCES.

La adicción no tratada es más cara que las cardiopatías, la diabetes y el cáncer juntos.

Alteración de la conciencia

Las drogas psicoactivas o «recreativas» afectan a la conciencia porque cambian la manera en que las señales pasan por el cerebro y el sistema nervioso. Pueden alterar nuestro estado de ánimo y cómo percibimos las cosas: estos efectos son el motivo principal de uso de las drogas recreativas. Los diferentes tipos de drogas psicoactivas afectan a la conciencia de modos diversos. Las estimulantes, como la cocaína, hacen que el consumidor esté más despierto y más seguro de sí mismo. Las depresivas, como el alcohol, dan sensación de calma. Las opiáceas, como la heroína y la morfina, también calman y producen bienestar. Las alucinógenas, como el LSD, alteran la mente de forma radical, distorsionan la percepción y los procesos del pensamiento.

Drogadicción

Muchas drogas psicoactivas son ilegales pero otras, como la cafeína, la nicotina y el alcohol no solo son legales, sino también

ADICCIÓN ES UN TÉRMINO ESTIGMATIZANTE CONDICIONADO CULTURALMENTE.

THOMAS SZASZ

socialmente aceptables. Es la actitud de la sociedad hacia determinadas drogas lo que influye sobre lo que pensamos de las adicciones. El psicólogo Thomas Szasz señaló que la palabra «adicto» no es más que un rótulo negativo para los que usan drogas que la sociedad desaprueba. Se usa también para describir «adicciones de conducta» a elementos como internet o el trabajo. Tachar a alguien de adicto implica que la adicción es una enfermedad y libera al usuario de su responsabilidad con respecto a la droga. Por eso, muchos psicólogos prefieren hablar de abuso o dependencia. Es difícil definir el «abuso»

> **CUANDO TE VUELVES LOCO POR LAS DROGAS, REALMENTE TE ESTÁS VOLVIENDO LOCO.**
> SUSAN GREENFIELD

dependencia física, pero los usuarios habituales muestran una dependencia psicológica que les hace necesitar cada vez más droga para obtener el efecto placentero que buscan. Los primeros estudios psicológicos consideraban la adicción una enfermedad, pero pronto quedó claro que, igual que sucede con

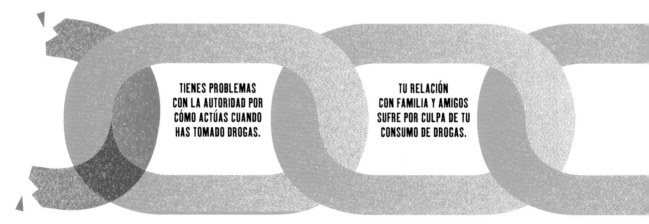

TIENES PROBLEMAS
CON LA AUTORIDAD POR
CÓMO ACTÚAS CUANDO
HAS TOMADO DROGAS.

TU RELACIÓN
CON FAMILIA Y AMIGOS
SUFRE POR CULPA DE TU
CONSUMO DE DROGAS.

de drogas. En general, cuando consumir se convierte en un riesgo (y no solo para el usuario), se considera abuso, aunque el elemento de riesgo existe con cualquier droga, aunque se tome una sola vez.

Dependencia

Lo que suele considerarse adicción —no poder prescindir de una droga— se conoce como dependencia, que puede ser física o psicológica. Los consumidores habituales de algunas llegan a depender físicamente de la sustancia y cuando la dejan sufren desagradables síntomas, como fuertes jaquecas o náuseas. Otras drogas no causan el mismo grado de

las drogas psicoactivas, algunos factores sociales y psicológicos, como la influencia de los compañeros y el historial familiar, contribuyen a la drogodependencia.

RECOMPENSAS ALTERNATIVAS

Hasta hace poco se creía que los drogodependientes preferían las drogas a la comida. Pero un estudio con ratas adictas a la heroína demostró lo contrario: al ofrecerles comida y heroína, las ratas eligen la comida. Esto indica que quizá se encuentre una recompensa sustituta para los usuarios incluso físicamente dependientes.

SIGMUND FREUD

1856–1939

Sigmund Freud nació en Freiberg (Moravia, ahora parte de la República Checa), pero cuando tenía cuatro años su familia se trasladó a Viena, donde pasó casi toda su vida. Allí estudió medicina y filosofía, y después desarrolló su técnica de psicoanálisis para tratar los trastornos neuróticos, como la depresión y las fobias. Su obra influyó en la psicoterapia, aunque con el tiempo muchas de sus teorías hayan sido superadas.

LA HIPNOSIS Y LA «TERAPIA HABLADA»

Después de ejercer como psiquiatra, Freud estudió en París con Jean-Martin Charcot, neurólogo que aplicaba la hipnosis para curar la histeria. De regreso en Viena, Freud abrió una consulta privada con su amigo Josef Breuer, donde hacían hablar a los pacientes de sus problemas bajo hipnosis y observaron que aliviaba sus síntomas. Más tarde, Freud perfeccionó la técnica para que los pacientes hablasen con libertad y sin hipnosis, técnica que llamó psicoanálisis.

Freud tuvo seis hermanos pero él fue el favorito de su madre, quien le llamaba «su Siggy de oro».

LA PUNTA DEL ICEBERG

Freud enunció la teoría de que la mente consciente es como la punta de un iceberg: existe una mente inconsciente más vasta aún que se oculta de nosotros, como la parte del iceberg que está bajo el agua. Pensaba que muchos problemas psicológicos son resultado de aspectos que hemos reprimido pero que todavía se agitan en el inconsciente, y que los trastornos neuróticos se pueden tratar al acceder a él por el psicoanálisis.

EL **ANÁLISIS** DE LOS **SUEÑOS**

Freud accedía a los pensamientos y sentimientos incrustados en el inconsciente del paciente por diversos métodos. Al avanzar en su idea de la terapia hablada, alentó a sus pacientes a decir cualquier cosa que les viniera a la mente, proceso llamado asociación libre. También les pedía que le contaran sus sueños porque pensaba que estos nos dicen lo que está sucediendo en el inconsciente.

«La **interpretación de los sueños** es el camino real hacia el conocimiento de las **actividades inconscientes** de la mente.»

LA **HUIDA** DEL **NAZISMO**

Freud viajó por todo el mundo para hablar de sus teorías del psicoanálisis, pero siempre consideró que Viena era su hogar. Cuando en 1930 Adolf Hitler llegó al poder, Freud corrió peligro por ser de origen judío. En esos momentos, muchos judíos huían a Gran Bretaña y EE UU, pero a él le costaba dejar Viena. Sin embargo, en 1938 se convenció de que no era seguro quedarse y huyó a Londres en el Orient Express.

¿Qué es NORMAL?

CADA SER HUMANO ES ÚNICO. IGUAL QUE LOS RASGOS FÍSICOS, CADA UNO TIENE CARACTERÍSTICAS PSICOLÓGICAS PROPIAS COMO LA PERSONALIDAD Y LA INTELIGENCIA, QUE LO HACEN NOTABLEMENTE DISTINTO DE LAS DEMÁS PERSONAS. PERO HAY ALGUNOS ASPECTOS QUE LA MAYORÍA TENEMOS EN COMÚN: ASPECTOS QUE CONSIDERAMOS «NORMALES».

TENDEMOS A RECHAZAR LAS COSAS QUE SON DIFERENTES DE LA NORMA.

Véanse también: 106-107, 112-113

¿Qué es anormal?

Sin duda, tenemos claro lo que consideramos normal, pero la normalidad no es fácil de definir exactamente. La conducta que una cultura juzga normal puede parecer extraña en otra y cada uno de nosotros tiene su idea de lo que es normal. Una forma de definirlo es fijarnos en lo que consideramos anormal y que podría ser solo una conducta diferente de la que muestra la mayoría de la gente; pero la voz «anormal» conlleva la idea de algo indeseable e inaceptable. Las personas con un talento especial, por ejemplo, no se ven como anormales, sino como excepcionales. Cuando tachamos a alguien de anormal estamos diciendo que no es como nosotros creemos que debe ser. Así como tenemos una idea de la salud física, medimos a la gente según una idea de la salud mental y decimos que los que se desvían de esa idea están mentalmente trastornados o enfermos. Y como los vemos diferentes, muchas veces los trastornos mentales se estigmatizan.

Clasificación de los trastornos mentales

En la Edad Media, se achacaban los comportamientos anormales a la brujería pero, a medida que la ciencia avanzó, se comenzó a pensar que se trataba de un tipo de enfermedad. La psiquiatría nació en el siglo XIX como una rama de la

LA OBLIGACIÓN DEL MÉDICO ES COMPRENDER LA NATURALEZA DE LA DEMENCIA.

EMIL KRAEPELIN

Encontrar defectos

Reconocemos lo normal en muchos aspectos de la vida diaria y evitamos lo que consideramos «anormal». Incluso comprando zanahorias, preferimos las que tienen más aspecto de zanahorias.

> **EN EL PASADO, LOS HOMBRES INVENTARON LAS BRUJAS: AHORA INVENTAN LOS ENFERMOS MENTALES.**
>
> THOMAS SZASZ

físicos del cerebro e incurable. Esta clasificación fue la primera de su tipo y la base de los modernos sistemas de clasificación de los trastornos mentales, como la Clasificación Internacional de Enfermedades (CIE) de la Organización Mundial de la Salud y el *Manual Diagnóstico y Estadístico de los Trastornos Mentales* (DSM) de la Asociación Americana de Psiquiatría. Ambos relacionan trastornos por lesión o enfermedad cerebral, trastornos relacionados con sustancias, esquizofrenia, trastornos del estado de ánimo, de ansiedad, de personalidad y de conducta, de la alimentación y del sueño, entre otros.

Problemas de la vida

No todos los psicólogos coinciden en rotular como enfermedades que necesitan tratamiento los comportamientos «anormales». Uno de ellos, Thomas Szasz, creía que, a menos que haya una causa física como una lesión cerebral, los trastornos mentales no deben considerarse enfermedades, sino «problemas para vivir», resultado de elementos que la gente afronta como el final de una relación o un fallecimiento. Según él, muchos de los que los psiquiatras consideran trastornos mentales, como la depresión y la ansiedad, son componentes normales de la vida. Aunque esta sea una visión extrema, psiquiatras y psicólogos reconocen, en general, que existe una diferencia entre trastornos mentales orgánicos —que tienen una causa física— y funcionales: los que Szasz llama «problemas de la vida».

medicina para tratar la enfermedad mental (los psicólogos modernos prefieren decir «trastornos mentales» y no enfermedades). Uno de los pioneros de la psiquiatría, Emil Kraepelin, pensaba que la causa de la enfermedad mental, como de cualquier otra, era física, e identificó dos tipos de trastornos: la psicosis maníacodepresiva (que ahora se llama trastorno del estado de ánimo o afectivo), causada por factores externos y, por tanto, curable; y la demencia precoz (hoy llamada esquizofrenia), resultado de problemas

En la edad media se creía que los que tenían una conducta rara estaban poseídos por demonios.

¿Estás LOCO?

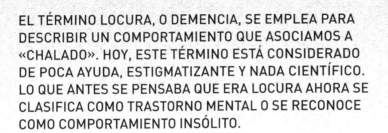

EL TÉRMINO LOCURA, O DEMENCIA, SE EMPLEA PARA
DESCRIBIR UN COMPORTAMIENTO QUE ASOCIAMOS A
«CHALADO». HOY, ESTE TÉRMINO ESTÁ CONSIDERADO
DE POCA AYUDA, ESTIGMATIZANTE Y NADA CIENTÍFICO.
LO QUE ANTES SE PENSABA QUE ERA LOCURA AHORA SE
CLASIFICA COMO TRASTORNO MENTAL O SE RECONOCE
COMO COMPORTAMIENTO INSÓLITO.

¿Demencia o enfermedad?

Históricamente, a las personas con comportamientos
extremadamente anormales se las tachaba de «locas»
o «dementes», diferentes de las «normales». Pero
en el siglo XIX las actitudes cambiaron y la nueva
ciencia de la psiquiatría comenzó a considerar
este comportamiento «chalado» como signo
de enfermedad mental.
Los psiquiatras también
admitieron que no había
una sola clase de
«demencia», sino varios
trastornos mentales con distintos
síntomas y grados variables de
gravedad. La conducta impredecible, o
inesperada, comenzó a clasificarse como
psicosis, que es una anomalía de la mente y
que en su forma más grave hoy se llama esquizofrenia.
Los primeros psiquiatras creían que este trastorno era
resultado de problemas físicos del cerebro e incurable

⊙ **Vivir al límite**
Todos hacemos cosas
que los demás dirían que
son locuras. Pero los que
disfrutan del paracaidismo,
por ejemplo, no están locos:
solo practican algo un poco
distinto de la norma.

LA GENTE QUE HACE
COSAS LOCAS NO
NECESARIAMENTE
ESTÁ LOCA.

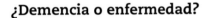

ALGUNAS **SITUACIONES** PUEDEN IMPULSAR A UNA GRAN
CANTIDAD DE ADULTOS «NORMALES» A **COMPORTARSE**
DE MANERA **DESAGRADABLE.**

ELLIOT ARONSON

y tenía síntomas reconocibles como paranoia, alucinaciones, delirios y conducta y habla confusos.

Conducta chalada

Desde luego, no toda la conducta anormal tiene como causa la esquizofrenia. Hay muchos otros trastornos mentales, como los del estado de ánimo, que incluyen la depresión, trastornos de la personalidad y de ansiedad y también fobias. Reconocer estos distintos trastornos mentales impulsó un cambio de perspectiva: la gente que antes se consideraba demente se veía ahora como pacientes de alguna forma de «demencia». Elliot Aronson llevó más lejos este cambio de perspectiva y dijo que la gente que hace cosas locas no necesariamente está loca. Que lo que parece conducta anormal muchas veces no es resultado de un trastorno, sino de circunstancias que nos obligan a reaccionar en formas que se salen de la norma. Cuando nos enfrentamos a una situación extrema, como un accidente grave o un delito, es habitual comportarse como dementes. Por eso, antes de tachar a alguien de «loco», «demente» o «psicótico», según Aronson, es importante comprender los motivos de ese comportamiento.

«Demente» no existe

Aronson probó que la conducta extraña no siempre es prueba de trastorno mental, pero otros psicólogos fueron más allá y rechazaron la idea de la enfermedad mental. Thomas Szasz opinó que, a menos que haya una causa física, como una lesión cerebral, los trastornos mentales no son más que reacciones desproporcionadas a problemas cotidianos, como la muerte de un familiar.

> **LA SOCIEDAD VALORA MUCHO A SU HOMBRE NORMAL... EN LOS ÚLTIMOS 50 AÑOS LOS HOMBRES NORMALES HAN MATADO A QUIZÁ 100.000.000 DE SUS CONGÉNERES.**
> R.D. LAiNG

En el siglo XVIII se creía que los baños fríos curaban la demencia y las intoxicaciones.

Algunos afirmaron que los trastornos mentales no se deben considerar enfermedades que exigen tratamiento médico. R.D. Laing, en primera línea de este «movimiento antipsiquiatría», creía que incluso ciertas enfermedades, como la esquizofrenia, no eran tales, sino formas de calificar a las personas cuya conducta no se ajusta a las normas sociales. Para Laing, no existe la enfermedad mental y no podemos distinguir entre cordura y demencia. Pese a estas opiniones radicales, Laing influyó en psicólogos como Richard Bentall, quien opina que la línea que separa la salud mental de la enfermedad no es clara y que algunas formas de esquizofrenia tendrían que considerarse trastornos psicológicos y no enfermedades puramente fisiológicas.

Véanse también: 104-105, 112-113

LOCAMENTE FELIZ

En 1922, Richard Bentall afirmó que la felicidad debe considerarse un trastorno psiquiátrico. Pese a que esta opinión era broma, el mensaje que contenía era serio. Estadísticamente es anormal ser feliz y la felicidad tiene los mismos síntomas del comportamiento anómalo: una actitud despreocupada y una conducta impulsiva, exactamente como otros trastornos mentales.

¿Hay personas

DE VEZ EN CUANDO TODOS HACEMOS ALGO QUE SABEMOS QUE ESTÁ MAL, PERO HAY PERSONAS MÁS PROCLIVES A COMETER DELITOS QUE OTRAS. ALGUNAS SON PEQUEÑOS DELINCUENTES Y OTRAS COMETEN ACTOS CRUELES Y VIOLENTOS CON REGULARIDAD. ESTOS DELITOS SE DEFINEN COMO «MALVADOS», Y LOS QUE LOS COMETEN SE CONSIDERAN PERSONAS MALVADAS O PSICÓPATAS.

> LOS **PSICÓPATAS** MUESTRAN UNA ASOMBROSA **FALTA DE PREOCUPACIÓN** POR LOS **EFECTOS** QUE TIENEN SUS ACTOS, NO IMPORTA LO **DEVASTADORES** QUE SEAN.
> ROBERT D. HARE

Véanse también: 112–113, 122–123

Actos malvados

¿Qué actos hacen «malvada» a una persona? La sociedad decide lo que considera «mala» conducta y llama delitos a esos actos, pero el término comprende actos menores como el hurto, que normalmente no pensamos que son malvados. Consideramos malvados los delitos más serios como el asesinato, la violación y la agresión. Pero, ¿es correcto tachar de «malvados» a esos delincuentes? En circunstancias extremas, la gente buena puede causar daño, por ejemplo, al defenderse. Pero algunos cometen delitos violentos con regularidad. No obstante, en vez de llamarlos malvados, algunos psicólogos se preguntan si estos han escogido perpetrar actos malvados o si tienen un tipo de personalidad innata, o alguna anomalía o enfermedad, que les impulsa a la conducta delictiva.

La conciencia culpable hace que queramos limpiarnos físicamente: esto se conoce como efecto Lady Macbeth.

Trastorno de la personalidad

Al analizar las estadísticas de delitos, como la edad, el sexo, el cociente intelectual y el entorno social de los delincuentes, los psicólogos tratan de determinar qué factores conforman la conducta delictiva habitual, sobre todo en los delitos graves. Muchos creen que, si bien el entorno influye, la personalidad es más importante. Según afirmó Robert D. Hare, la conducta delictiva violenta es resultado de un trastorno de la personalidad conocido como psicopatía, pero que él llamó trastorno antisocial de la personalidad (TAP). Encontró una cantidad de rasgos de la personalidad que son característicos de la TAP y creó su escala de evaluación de la psicopatía

EL PERFIL DEL DELINCUENTE

Una nueva rama de la psicología, la psicología criminal, es muy útil para la policía. Una parte importante de esta disciplina consiste en trazar el perfil del delincuente utilizando pruebas de la escena del delito para hacerse una idea de su personalidad y su motivación y así restringir a los posibles sospechosos.

MALVADAS?

El lado oscuro ➔

Algunos psicólogos creen que la gente que comete actos malvados tiene un trastorno innato de la personalidad llamado psicopatía. Los psicópatas no tienen empatía: les da igual dañar a los demás.

¿ TIENES UN LADO MALVADO?

para identificar el trastorno. Este se divide en dos categorías principales: la primera identifica rasgos como engaño, egoísmo y una total falta de remordimiento o culpa, y la segunda reúne elementos de un género de vida inestable y antisocial, que incluyen la dependencia explotadora de los demás. Investigaciones recientes insinuaron cierta correlación entre la TAP y algunos tipos de anomalías cerebrales, pero no se ha alcanzado una demostración concluyente; también se asocian factores medioambientales a la aparición del trastorno.

Tratamiento y castigo

La sociedad opta por castigar a los delincuentes, generalmente encarcelándoles. También les ofrece tratamiento psicológico para disuadirles de delinquir de nuevo. Estos métodos tienen éxito con algunas personas, pero a los que sufren TAP ni la cárcel ni las técnicas de psicoterapia les hacen desistir. El tratamiento del TAP es controvertido y algunos psicólogos creen que identificar a una persona como psicópata no ayuda. La escala de Hare fue criticada porque hay personas cuya puntuación es alta y solo son irresponsables, impulsivos o emocionalmente desapegados, pero no necesariamente delincuentes serios. Y hay otras que tienen una forma de TAP y no delinquen, pero demuestran su trastorno al ser prepotentes con sus empleados o incluso convertirse en dictadores tiránicos o crueles líderes militares.

HABLAR cura

A LO LARGO DE LA HISTORIA, LA GENTE HA BUSCADO MANERAS DE AFRONTAR PROBLEMAS ANGUSTIOSOS COMO LA ANSIEDAD Y LA DEPRESIÓN. LAS CUALES NO SE CONSIDERARON TRASTORNOS MENTALES HASTA EL SIGLO XIX, CUANDO LA IDEA DE QUE COMPRENDER LAS CAUSAS DE ESOS TRASTORNOS AYUDARÍA A ALIVIARLOS DIO ORIGEN A LA PSICOTERAPIA.

> EL HOMBRE NO HA DE ESFORZARSE POR ELIMINAR SUS **COMPLEJOS**, SINO POR LLEGAR A UN **ACUERDO** CON ELLOS.
> SIGMUND FREUD

Tratamiento hablado

El creador de este tratamiento de los trastornos mentales —descubrir qué los causaba— fue Sigmund Freud. Había trabajado con un neurólogo, Jean-Martin Charcot, que utilizaba la hipnosis para tratar a pacientes con «histeria», sobre todo mujeres que se mostraban muy angustiadas. Freud siguió trabajando con el médico Josef Breuer, quien hipnotizaba a los pacientes y les pedía que hablaran sobre sus síntomas. Un caso en especial fue asombroso: una mujer a la que se conoce como Anna O., que fue mejorando a medida que recordaba acontecimientos traumáticos de su pasado. Este «tratamiento hablado», como ella misma lo llamaba, hizo pensar a Freud y Breuer que los síntomas de ansiedad y depresión, o comportamiento neurótico, se aliviaban cuando los pacientes hablaban sobre sus ideas, sus recuerdos y sus sueños. Así, Freud teorizó que tratamos de olvidar las cosas desagradables o traumáticas y las reprimimos, es decir, las relegamos a lo profundo de la mente inconsciente. En la mente, dijo Freud, hay un conflicto entre lo que pensamos de forma consciente (la parte de la mente llamada «el yo»), nuestros impulsos instintivos o necesidades físicas (la parte inconsciente de la mente que llamaba «el ello») y nuestra «conciencia» interior o lo que nos han dicho que está bien o está mal (la parte del inconsciente que llamó «el superyó»).

Psicoanálisis

Freud creía que analizar los recuerdos y conflictos reprimidos en el inconsciente daba a los pacientes una idea de sus problemas mentales y así podían superarlos. Esta técnica, el «psicoanálisis», llegó rápidamente a ser un tratamiento

Véanse también: 102–103

La hija menor de Freud, Anna, también fue una psicoanalista famosa que profundizó en las teorías del inconsciente.

Liberar el inconsciente

Freud creía que la mejor cura para los problemas mentales era hablar. Al revelar sus pensamientos y sueños ocultos al terapeuta, los pacientes liberan recuerdos reprimidos y alivian su sufrimiento.

popular de trastornos como la ansiedad y la depresión. Sus colegas adoptaron las técnicas de Freud e introdujeron ideas nuevas en esta teoría del inconsciente. Uno de ellos fue Alfred Adler, quien subrayó el efecto de los sentimientos de inferioridad (que él denominaba «complejo de inferioridad») en la salud mental de las personas, en tanto que Carl Jung se centró en la interpretación de sueños y símbolos, y propuso que así como el «inconsciente personal» guarda las experiencias individuales, existe un «inconsciente colectivo» de ideas comunes a todos nosotros.

Cambios de vida
Muchos fueron los psicoterapeutas que adoptaron los métodos de Freud,

> # LA VERDAD SE TOLERA ÚNICAMENTE SI LA REVELAS TÚ MISMO.
> **FRITZ PERLS**

alternativas a la psicoterapia fue la terapia de la Gestalt, creada en las décadas de 1940 y 1950 por Fritz y Laura Perls y por Paul Goodman. La terapia de la Gestalt acentuaba más el presente que el pasado y la creación de vínculos con el terapeuta para hablar sobre la introducción de cambios de vida. Si bien la psicoterapia moderna ha llegado a ser muy diferente del psicoanálisis de Freud, la idea básica de afrontar los problemas hablando de ellos continúa vigente junto a otros tratamientos para muchos trastornos mentales comunes.

HABLAR LIBERA LOS PENSAMIENTOS INCONSCIENTES.

pero no todos estuvieron de acuerdo con sus teorías del inconsciente. Algunos las consideraron poco científicas —más basadas en la especulación que en la evidencia— y Hans Eysenck incluso cuestionó la eficacia del psicoanálisis. Otros, aunque en desacuerdo con Freud, creyeron en los beneficios de alguna forma de tratamiento hablado, pero pensaron que a los pacientes les ayudaba más hablar de todos los aspectos de su vida en lugar de tratar de analizar el inconsciente. Una de estas

LAPSUS LINGUÆ
Es difícil ocultar completamente lo que reprimimos en el inconsciente y a veces lo que nos preocupa se manifiesta sin darnos cuenta. Puede que al hablar mostremos nuestros sentimientos reales con el lenguaje corporal. O quizá empleemos una palabra equivocada para nombrar algo —error que se conoce como «acto fallido»— que revela lo que tenemos en la mente.

¿Es eficaz la TERAPIA?

ADEMÁS DE TRATAR DE ENTENDER LA MENTE Y LA CONDUCTA, LA PSICOLOGÍA SE OCUPA DE HALLAR MANERAS DE TRATAR LOS TRASTORNOS MENTALES. LA PSICOLOGÍA CLÍNICA, RAMA DE LA PSICOLOGÍA QUE EXAMINA LA SALUD MENTAL, COMPRENDE MUCHOS TIPOS DE TRATAMIENTOS, QUE SE CONOCEN COLECTIVAMENTE COMO PSICOTERAPIA.

> SI UN PROBLEMA TE AGOBIA, SEPÁRALO EN PARTES QUE PUEDAS GESTIONAR.

Una cucharada de medicina

Los trastornos mentales se consideraron incurables hasta que apareció una rama de la medicina, la psiquiatría, que intentó tratarlos. Los avances en las neurociencias habían expandido el conocimiento del cerebro y el sistema nervioso, y los médicos crearon tratamientos para cambiar la manera de funcionar del cerebro. Entre ellos la cirugía, que consiste en extirpar algunas partes del cerebro; la terapia electroconvulsiva (TEC), en la que se hace pasar una corriente eléctrica por él; y la farmacológica, que altera sus conexiones químicas. Estos métodos se usaban para tratar trastornos con causa física evidente, como una lesión cerebral, pero se observó que también alivian los síntomas de otros trastornos mentales. Hoy se considera que la cirugía y la TEC son muy invasivas y se aplican solo cuando fracasan otros tratamientos; en cambio, se utilizan antidepresivos y antipsicóticos químicos para

> LLEGUÉ A LA CONCLUSIÓN DE QUE EL **PSICOANÁLISIS** ES UNA TERAPIA BASADA EN LA **FE.**
> `AARON BECK`

> en los antiguos asilos para «lunáticos», los pacientes mentales vivían en condiciones terribles.

algunos trastornos mentales. Sin embargo, la psiquiatría moderna no se basa solo en estos tratamientos físicos, y muchos pacientes reciben una combinación de fármacos y psicoterapia.

El enfoque psicológico

La psicoterapia surgió de la idea de que no todos los trastornos mentales son enfermedades físicas, sino problemas psicológicos y, como tales, exigen alguna forma de tratamiento psicológico. Sigmund Freud fue el primero en aplicar la psicoterapia a lo que llamaba neurosis, que comprendía trastornos como la depresión y la ansiedad, no causados por enfermedad ni por lesión cerebral. El psicoanálisis, basado en las teorías de la mente inconsciente de Freud, fue un tratamiento alternativo habitual de esos trastornos hasta que los psicólogos empezaron a cuestionar su eficacia. Joseph Wolpe, uno de ellos, afirmó que el psicoanálisis ofrecía muy poco alivio a los soldados con trastorno por estrés postraumático. Inspirado por la idea conductista del condicionamiento —aprender una respuesta determinada a un estímulo—, Wolpe creó la terapia conductual, que se centraba en cambiar esa respuesta; el terapeuta desempeñaba un papel más activo, aplicando técnicas como la desensibilización sistemática (exponer poco a poco al paciente a lo que le causa ansiedad en condiciones de relajación) y la terapia de aversión (condicionar al paciente a que asocie las conductas indeseables con algo desagradable). Wolpe opinaba que si era posible cambiar la conducta del paciente, disminuirían los pensamientos y sentimientos negativos.

Desterrar los pensamientos negativos

Otros psicólogos pensaron que tampoco la terapia conductual era la solución. Influidos por la psicología cognitiva —el estudio de cómo funciona el cerebro— opinaron que si se trataban los pensamientos y sentimientos negativos, se corregiría toda la conducta. Aaron Beck,

psicoterapeuta desilusionado por el psicoanálisis, creó una terapia cognitiva que ayudaba a los pacientes a pensar en sus problemas de forma diferente y a superar su tendencia a ver solo la parte negativa de las cosas. Beck los alentaba a examinar sus pensamientos y sentimientos en vez de caer víctimas de sus «pensamientos automáticos» negativos. Mientras tanto, Albert Ellis elaboraba la terapia racional emotiva conductual, una forma similar de terapia cognitiva. Esta permitía que los pacientes pensasen de manera racional sobre una dificultad en lugar de que los dominasen los pensamientos negativos irracionales. Ellis y Beck continuaron combinando las ideas cognitivas y conductistas hasta llegar a la terapia cognitivo-conductual (TCC) que ha demostrado ser muy eficaz para tratar muchos trastornos mentales diferentes. La TCC opera sobre la base de que los problemas no los causan las situaciones, sino cómo interpretamos esas situaciones en nuestro pensamiento y cómo nos sentimos y actuamos según esa interpretación.

> En la edad de piedra se trepanaba a las personas con trastornos mentales: se abría un agujero en el cráneo para que salieran los malos espíritus.

Véanse también: 98–99, 110–111

⏎ La vida mejora

La terapia cognitivo-conductual se ocupa de asuntos actuales en vez de hurgar en el pasado del paciente. Al examinar esos asuntos y separarlos en partes más pequeñas, el paciente puede gestionarlos de forma más positiva.

REALIDAD VIRTUAL

La terapia cognitivo-conductual es excelente para tratar a personas con fobias como el miedo a las arañas o a volar. Cuando se aplicó por primera vez, los terapeutas hicieron que sus pacientes pensasen de otra manera sobre lo que les asustaba y poco a poco les presentaron sus miedos. Hoy día, la tecnología informática permite a los fóbicos experimentar sus temores en realidad virtual antes de exponerlos a ellos en vivo.

¡No te preocu

GRAN PARTE DEL ESTUDIO DE LAS DIFERENCIAS PSICOLÓGICAS SE HA CENTRADO EN LAS ANOMALÍAS Y LOS TRASTORNOS MENTALES. A FINALES DEL SIGLO XX, UNA GRAN CANTIDAD DE PSICÓLOGOS OPTÓ POR UN ENFOQUE MÁS POSITIVO: SABER CÓMO VIVIR VIDAS FELICES Y PLENAS.

ENCUENTRA EL FLUIR DE TU FELICIDAD.

La felicidad requiere esfuerzo. No te limites a evitar las tareas desagradables: dedícate a hacer las agradables.

Véanse también:
98–99, 112–113

La buena vida

Alejarse del lado negativo de nuestra constitución psicológica llegó primero desde la psicoterapia. Aplicando los métodos psicoanalíticos de Freud, algunos psicoterapeutas se preguntaron si era útil concentrarse en los trastornos mentales que necesitaban tratamiento y propusieron que en lugar de eso se centrasen en la salud mental y el modo de lograrla. Uno de los primeros en adoptar este enfoque, Abraham Maslow, pensó que había que dejar de ver a las personas como «sacos de síntomas» y tener en cuenta sus cualidades positivas. Igualmente, Erich Fromm pensaba que muchos problemas mentales pueden superarse al descubrir las ideas y capacidades propias de cada uno para sentirnos realizados en la vida. Otro influyente psicoterapeuta que adoptó este criterio fue Carl Rogers, quien creía que todas las terapias deben centrarse en el individuo y ayudarle a vivir lo que él llamaba «la buena vida», no solo feliz, sino realizada. Para él, la salud mental no es un estado permanente, sino algo que alcanzamos por el descubrimiento y el crecimiento, aceptando ser quienes somos y viviendo la vida plenamente.

La búsqueda de la felicidad

Este cambio del objetivo de tratar trastornos mentales a ayudar a la gente a vivir una «buena vida» inspiró un movimiento llamado «psicología positiva», cuya cabeza fue Martin

EL PROCESO DE LA BUENA VIDA...
SIGNIFICA LANZARSE DE CABEZA
AL RÍO DE LA VIDA.

CARL ROGERS

pes, sé FELIZ!

⊙ En tu propio mundo
Los músicos se abstraen tanto en la música que se apartan del mundo que los rodea y logran un intenso sentimiento de felicidad.

Seligman. Para vivir una vida feliz tenemos que saber qué nos hace felices. Al analizar la vida de las personas felices, identificó tres elementos. Uno es lo que llama «la vida placentera», el tipo de contacto social y búsqueda del placer que solemos asociar a la felicidad. Pero, si bien esto es parte importante de la vida, no da felicidad duradera. Para ello también debemos extraer gratificación y realización de lo que, igual que Rogers, llama «la buena vida», alcanzar el crecimiento personal al hacer aquello que podemos y que queremos hacer; y «la vida valiosa», haciendo cosas no para nosotros mismos sino para otros o para una causa más alta.

Trabajo gratificante
El psicólogo de origen húngaro Mihály Csíkszentmihályi también estudió a personas felices y realizadas y vio que, aunque obtenían satisfacción de muchos aspectos diferentes, todos describían un sentimiento similar cuando estaban absortos en lo que hacían. Era como estar fuera del tiempo: se sentían calmados, centrados y olvidados de ellos mismos y del resto del mundo. Este estado de «flujo», como lo llamó Csíkszentmihályi,

EL ÉXTASIS NOS LLEVA A UNA REALIDAD ALTERNATIVA.
MIHÁLY CSÍKSZENTMIHÁLYI

es similar al estado de trance que experimenta el músico al tocar su instrumento. Alcanzamos este flujo con cualquier tarea, no solo con actividades creativas como la música, siempre que no esté fuera de nuestras capacidades, pero que sin embargo signifique un reto. Y este sentimiento de intenso placer que nos depara hace que no solo las actividades de ocio, sino también el trabajo, sean gratificantes y valiosos.

SALUDABLE BONDAD
Un estudio de 2005 demostró que ser amables con los demás aumenta nuestro bienestar. Se pidió a estudiantes que realizaran cinco acciones amables por semana durante seis, ya fuera una por día o las cinco en un mismo día. Los que realizaron una acción amable al día mostraron un ligero aumento del bienestar, pero los que hicieron las cinco el mismo día lo aumentaron en un 40%.

SENTIRSE BRILLANTES

Los estudios psicológicos demuestran que tanto la luz solar como la artificial pueden disminuir los síntomas del trastorno afectivo estacional (TAE), que comprende cansancio, estrés y un sentimiento de infelicidad. Se cree que lo produce la menor exposición a la luz del sol durante el invierno.

CARAS CULPABLES

Los pequeños cambios inconscientes de las expresiones faciales, llamadas «microexpresiones», revelan nuestras emociones ocultas. Los expertos las observan para saber si alguien miente: por ejemplo, los servicios de seguridad las usan para detectar posibles terroristas.

Psicología diferencial en el
MUNDO REAL

¡ABAJO LA TRISTEZA!

Los estudios demuestran que el efecto de los fármacos antidepresivos aumenta si se combinan con ejercicio. La actividad física libera endorfinas, los antidepresivos naturales del organismo. El ejercicio también es muy bueno para quitarse las preocupaciones, mucho más que, por ejemplo, beber alcohol.

MENTE ABIERTA

Los psicólogos saben que tener la mente abierta aumenta la buena suerte. Los que están deseando ser flexibles y aprovechar las oportunidades en la vida, el amor y el trabajo —aunque incluyan algún tipo de riesgo— suelen sentirse más realizados y positivos que las personas más cautas.

Las pruebas de personalidad que formulan los psicólogos son muy útiles para que los estudiantes elijan las carreras que más les convienen. Estas pruebas se aplican conjuntamente con entrevistas, lo que ayuda a los empleadores a elegir candidatos cuyas personalidades serán compatibles con el trabajo ofrecido.

ESTAR A LA ALTURA

ESTO ES LO QUE NECESITAS

Los publicistas tratan de vender productos asociándolos a necesidades humanas básicas como el amor y la seguridad. Así pues, los anuncios de perfumes te insinúan que aumentará tu atractivo hacia el sexo opuesto y las compañías de seguros acentúan la protección de tu familia con sus pólizas.

Todos tenemos personalidades y capacidades distintas y algunas personas sufren trastornos psicológicos como depresión o esquizofrenia. Al comprender estas diferencias individuales, los psicólogos ayudan a tratar problemas de la gente y nos animan a vivir vidas felices y plenas.

ROMPER CON LOS MALOS HÁBITOS

¿Por qué hay gente adicta al tabaco? Las investigaciones demuestran que aunque muchos desean dejarlo, siguen fumando debido a que asocian su hábito a ciertas situaciones, como la vida social y el estrés. Si la situación cambia, será más fácil dejar de fumar.

DESPLIEGUE DE TALENTO

Contrariamente a la creencia popular, los psicólogos saben que existen muchos tipos de inteligencia. Algunas personas no destacan en los exámenes pero tienen talento para otras cosas. Así, por ejemplo, los corredores de apuestas suelen abandonar los estudios, pero son capaces de hacer complicados cálculos mentalmente.

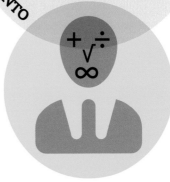

¿Cómo puedo ENCAJAR?

¿Sigues a la MASA?

Hay gente BUENA que hace cosas MALAS

¡No seas tan EGOÍSTA!

¿Un problema de ACTITUD?

El poder de la PERSUASIÓN

¿Qué te hace ENFADAR?

¿Perteneces al GRUPO?

¿Qué hace GANADOR a un equipo?

¿Puedes RENDIR bajo PRESIÓN?

¿Cómo piensan ELL@S?

¿Por qué la gente se ENAMORA?

La psicología social estudia cómo interactuamos con otras personas, cómo nos comportamos como parte de un grupo y qué efecto tienen los demás sobre nosotros. Además de cómo nos llevamos con los demás en el trabajo y en la vida personal, estudia cómo la sociedad forma nuestras actitudes y conducta.

¿Sigues a la

LA GENTE QUE NOS RODEA INFLUYE MUCHO EN NUESTRA CONDUCTA.
PERTENECEMOS A DISTINTOS GRUPOS SOCIALES, COMO LOS AMIGOS Y
LA FAMILIA, Y A LA VEZ SOMOS PARTE DE UNA SOCIEDAD MÁS AMPLIA.
NOS GUSTA CREER QUE SOMOS INDEPENDIENTES, PERO NOS SENTIMOS
PRESIONADOS PARA AJUSTARNOS A LAS OPINIONES DE ESTOS GRUPOS.

> UN MIEMBRO DE UNA TRIBU DE CANÍBALES **ACEPTA** EL CANIBALISMO COMO **ADECUADO** Y **CORRECTO.**
> **SOLOMON ASCH**

La necesidad de coincidir

Un aspecto importante de la psicología social es observar cómo los grupos sociales influyen sobre pensamientos y conducta. Son muchos los estudios que demuestran el deseo natural de coincidir con lo que piensa el grupo. Uno de los primeros fue el estudio de A. Jenness, en 1932, quien preguntó a estudiantes, uno por uno, cuántos garbanzos había en una botella. También les dijo que hablaran entre ellos antes de responder. Jenness observó que

todos los participantes ajustaban su estimación original para que se pareciera a la del grupo. Con una técnica diferente, Solomon Asch mezcló algunas personas ajenas con cómplices suyos (que pasaban por ser participantes). Cuando se les preguntó sobre la longitud de las líneas de una figura, al principio los cómplices dieron respuestas correctas y después descaradamente erróneas. Aun cuando las respuestas eran evidentemente equivocadas, una tercera parte de las veces los de fuera coincidieron con la opinión mayoritaria y las tres cuartas partes de ellos dieron, al menos, una respuesta errónea.

Bajo presión

Tras el experimento, los participantes desprevenidos de Asch dijeron haberse sentido cohibidos y nerviosos durante la prueba y temían que el grupo no los

La conformidad tiene efectos positivos: según las pruebas, los fumadores tienden a dejarlo en grupos.

A pies juntillas ❧
En el experimento de Asch, se preguntó a los participantes qué línea —A, B o C—, era igual a la de la izquierda. Muchos de ellos dieron la misma respuesta que los demás, aunque sabían que no era la correcta.

MASA?

aprobase. La mayoría confesó no estar de acuerdo con los demás; otros coincidieron con el resto para no hacerse notar, pese a que sabían que se equivocaban, y unos pocos dijeron que estaban convencidos de que el grupo estaba en lo cierto. Con el experimento de Asch, y otros similares, los psicólogos han demostrado que nos sentimos presionados para coincidir con el grupo. Necesitamos la aceptación y la aprobación de los demás y, aunque disentimos de ellos, somos proclives a darles la razón. Sin embargo, también necesitamos estar seguros de nuestras opiniones y buscamos la confirmación o la guía de los demás, lo cual puede hacernos dudar y cambiar de opinión.

Fiel a tus creencias

Pero no todos están dispuestos a ceder a una presión real o imaginada para coincidir. En los experimentos de Asch hubo muchos que no lo hicieron y, en estudios similares, cuando se pidió a la gente que escribiera sus respuestas o las diera en privado, hubo muchos más que se aferraron a su opinión. Y si uno de los cómplices también disentía de las respuestas erróneas, entonces incluso

REACCIÓN EN CADENA
También la dinámica del aplauso colectivo apunta a una necesidad de encajar. Científicos suecos descubrieron que basta con que una o dos personas comiencen a aplaudir, o paren, para que la gente sienta la presión social de seguirles. Esta tendencia a unirse a la masa también explica por qué se sigue algunas series populares o se abren perfiles en redes sociales como Facebook o Twitter.

eran menos los participantes que coincidían. Este experimento se ha aplicado en diferentes lugares del mundo con resultados que cambian según las culturas. En las sociedades colectivistas de Asia y África, donde el grupo se antepone al individuo, más participantes estuvieron de acuerdo que en los estudios realizados en el individualista occidente, donde se valora más la elección personal.

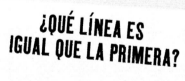

¿QUÉ LÍNEA ES IGUAL QUE LA PRIMERA?

A B C

Hay gente **BUENA** que

LOS SERES HUMANOS SOMOS CAPACES DE EJERCER GRAN VIOLENCIA Y CRUELDAD, INCLUSO PERSONAS NORMALES QUE LLEVAN VIDAS CORRIENTES. SE DEFIENDEN CULPANDO A LAS CIRCUNSTANCIAS O EXPLICANDO QUE CUMPLÍAN ÓRDENES. LOS PSICÓLOGOS TRATAN DE DESCUBRIR POR QUÉ HAY GENTE QUE COMETE ESOS ACTOS TERRIBLES.

Un experimento chocante

Tras las atrocidades que cometieron los nazis en la Segunda Guerra Mundial, los psicólogos se preguntaron si solo cierto tipo de personas era capaz de cometer actos tan horribles o si la mayoría haría lo mismo en circunstancias similares. Dos experimentos célebres (y polémicos) llegaron a conclusiones incómodas. En el primero, Stanley Milgram estudió la obediencia a la autoridad. Reclutó hombres para un estudio sobre el aprendizaje y ofreció 4,50 dólares a cada voluntario. Les presentaron al Sr. Wallace, que fingía ser otro participante enfermo del corazón. Echaron a suertes quién sería el «profesor» y quién el «alumno» (tenía truco: el participante real siempre era profesor) y pasaron a habitaciones contiguas. El profesor planteaba al Sr. Wallace, el alumno, una serie de preguntas y un «supervisor» le ordenaba que por cada respuesta incorrecta diese al alumno una descarga eléctrica de voltaje cada vez más alto (en realidad, la descarga no existía). Si el profesor dudaba, el supervisor le ordenaba seguir. En las primeras descargas, el Sr. Wallace gimió de dolor. A medida que el voltaje aumentaba se quejó, luego gritó como protesta y a los 315 voltios aulló violentamente. Por encima de los 330 voltios, silencio total...

> **Es más probable que obedezcamos a la autoridad si lleva uniforme... especialmente el de la policía.**

> **SABÍA QUE NO ESTABA BIEN...**

Cumplir órdenes

Milgram observó que todos los participantes aplicaban descargas de hasta 300 voltios y los dos tercios de 450 voltios o más. Aunque muchas veces mostraban signos de angustia, sentían que debían obedecer al supervisor. Milgram explicó que nos educan para respetar y obedecer a las figuras de autoridad. Pero cuando se nos dice que

> **LA GENTE HACE LO QUE LE DICEN QUE HAGA.**
> **STANLEY MILGRAM**

hace cosas **MALAS**

actuemos contra nuestra conciencia podemos no obedecer o bien declinar nuestra responsabilidad personal y seguir las órdenes, que es lo que lleva a gente buena a cometer actos espantosos.

Desempeñar un papel

Si el experimento de Stanley Milgram muestra cómo la gente tiende a obedecer a la autoridad, Philip

PERO LO HICE IGUAL.

Zimbardo observó cómo las circunstancias sociales influyen en la voluntad de hacer el mal. Zimbardo montó una falsa prisión en la Universidad de Stanford y asignó a 24 alumnos, al azar, el papel de «preso» y el de «guardia». Lo asombroso fue lo rápida y totalmente que se adaptaron a sus papeles: los guardias se volvieron autoritarios y agresivos y los presos pasivos. Al entrevistarlos, más tarde, los guardias manifestaron que habían sentido que el papel, más el uniforme, la porra y las esposas, les daba poder, en tanto que los presos informaron sentirse impotentes y humillados. Zimbardo afirmó que todos tendemos a ajustarnos al papel que la sociedad espera que desempeñemos y las fuerzas sociales tienen el poder de conseguir que cualquiera de nosotros sea capaz de hacer maldades.

Véanse también: 28-29, 108-109, 134-135

MUCHA GENTE **VIO** LO QUE **ESTABA** PASANDO Y **NO DIJO NADA.**

PHILIP ZIMBARDO

ÓRDENES DEL MÉDICO

Un científico, que fingía ser médico, telefoneó a 22 enfermeras y les pidió que administraran a un paciente 20 mg de un fármaco, que él firmaría más tarde la receta. Pese a que los fármacos se dispensan únicamente bajo autorización escrita y la dosis máxima segura es de 10 mg, 21 de las enfermeras administraron la medicina (que era un placebo en realidad). Pero en otro grupo de enfermeras, que hablaban del experimento, todas menos una afirmaron que ellas no habrían administrado el fármaco.

¡No seas tan

LAS PERSONAS SE AYUDAN DE DIVERSAS MANERAS, DESDE OFRECER EL ASIENTO A DAR DINERO PARA CARIDAD. PERO, AUNQUE ESTOS ACTOS DE BONDAD PARECEN BENEFICIAR A OTROS, ES POSIBLE QUE NO ESTÉN TOTALMENTE DESPROVISTOS DE EGOÍSMO. TAL VEZ EL ALTRUISMO GENUINO —EL AYUDAR A OTROS SIN ESPERAR NADA A CAMBIO— EN REALIDAD NO EXISTE.

¿Qué hay para mí?

No hay acuerdo entre los psicólogos sobre si somos o no capaces de verdadero altruismo. Algunos creen que ayudar a otros, especialmente a familiares y personas de nuestro grupo social, cumple con la función evolucionista de proteger a nuestra especie. Otros sostienen que ayudar, en realidad, es egoísta porque hace que nos sintamos bien con nosotros mismos y que los demás nos consideren buenos; la otra alternativa es que puede que solo sea un modo de reducir la angustia que sentimos al ver a alguien en apuros. Daniel Batson no creía que nuestra ayuda es interesada y sostenía que nuestras emociones empáticas, como la compasión, nos hacen sentir el deseo de reducir el sufrimiento de otros. Y como todos sentimos esa empatía, todos somos capaces de altruismo.

> **ES más probable que la gente ayude a otros si está de buen humor, pero no si esa ayuda le va a agriar el carácter.**

El efecto espectador

Lo que despertó el interés de los psicólogos por las conductas de ayuda fue un asesinato. En 1964, 38 personas presenciaron el apuñalamiento de Kitty Genovese en Nueva York, pero ninguna intentó ayudar y solo una llamó a la policía después. Al público le escandalizó que nadie interviniese. Sin embargo, los psicólogos, entre ellos Philip Zimbardo, explicaron que fue precisamente porque había tantos testigos. Este fenómeno se conoció como el «efecto espectador»: cuantos más espectadores hay, menos les apetece

> **SENTIR EMPATÍA POR UNA PERSONA EN APUROS NOS DA LA MOTIVACIÓN PARA AYUDAR.**
> **DANIEL BATSON**

involucrarse. Esta idea la comprobaron John M. Darley y Bibb Latané, quienes querían saber si el tamaño de un grupo influía en la voluntad de los participantes de ayudar a alguien que sufría una crisis epiléptica, o de informar sobre olor a humo en una habitación. Cuanto más numeroso era el grupo, más tiempo pasó hasta que alguien actuó.

EGOÍSTA!

¿AYUDARÍAS A ALGUIEN CON PROBLEMAS?

☉ Perdidos en la multitud

Los estudios muestran que es menos probable que se ayude a alguien si se está entre mucha otra gente. Daniel Batson afirma que la capacidad de entender y compartir los sentimientos ajenos, o empatía, contrarresta esa resistencia.

> ## CUANDO VARIAS PERSONAS PRESENCIAN UNA EMERGENCIA, TODAS SUPONEN QUE ALGUIEN AYUDARÁ.
> PHILIP ZIMBARDO

Pros y contras

Según Darley y Latané, cuando alguien necesita ayuda los espectadores pasan por un proceso de toma de decisiones. Antes de intervenir deben responder afirmativamente en cinco etapas: *1)* darse cuenta del suceso, *2)* interpretar que requiere ayuda, *3)* aceptar la responsabilidad, *4)* elegir la forma de ayuda y *5)* ponerla en práctica. Una respuesta negativa en alguna de estas etapas significa que el espectador no ayudará, lo cual explica por qué la mayoría de la gente no ayuda y no por qué alguna sí lo hace. La teoría de Darney y Latané se amplió con algunas ideas de Batson sobre la empatía y otras sobre los posibles costes y beneficios de ayudar. Describieron el proceso de toma de decisiones en dos etapas. La primera es el despertar: la respuesta emocional a la necesidad de la víctima. A esta sigue la etapa del coste-recompensa, que es cuando el espectador evalúa los pros y contras de intervenir. A veces esto es un dilema donde intervienen qué

tipo de ayuda se necesita y también la identidad de la víctima. Este modelo se confirmó en estudios donde los voluntarios fingían desmayarse en el metro de Nueva York. Algunos llevaban un bastón y otros una botella en una bolsa de papel marrón. El 90% de las veces se ofreció ayuda al «minusválido»; solo el 20% al «borracho». Al evaluar la situación, los espectadores debieron de pensar que el borracho era menos merecedor de ayuda y que ayudarlo podría dar más problemas que otra cosa.

Véanse también: 146-147

EL BUEN SAMARITANO

Se pidió a alumnos que dieran una charla sobre el buen samaritano. Al llegar, a algunos se les dijo que iban retrasados, a otros que eran puntuales y a otros que llegaban pronto. Se los envió a la sala y pasaron al lado de un hombre que yacía en el suelo y que estaba claro que sufría. Solo el 10% de los que tenían prisa le ofreció ayuda, contra el 45% de los que tenían prisa moderada y el 63% de los que tenían tiempo. Los primeros debieron de pensar que ayudar no compensaba el llegar tarde.

SOLOMON ASCH

1907–1996

La familia Asch emigró de Varsovia (Polonia), a Nueva York en 1920, cuando Solomon tenía 13 años. Después de licenciarse en ciencias se doctoró en psicología como discípulo del psicólogo de la Gestalt Max Wertheimer, cuya obra siguió enseñando en varias universidades estadounidenses y llegando a ser uno de los pioneros en el campo de la psicología social. Es célebre por su trabajo sobre la conformidad.

PROPAGANDA

Tras la Segunda Guerra Mundial, Asch estudió la propaganda de guerra utilizada por ambos bandos. Muchos psicólogos creían que el poder de convicción de la propaganda dependía, principalmente, del prestigio de la persona que transmitía el mensaje. Asch disentía y afirmaba que la gente no acepta a ciegas un mensaje solo por quien lo dice, sino que examina su contenido según quién lo dice.

Al llegar a Nueva York, Asch hablaba poco inglés y lo aprendió por su cuenta leyendo a Charles Dickens.

CÁMARA OCULTA

Al estudiar cómo tendemos a plegarnos a la conducta de otras personas, Asch colaboró con el programa de televisión Cámara Oculta. Con una cámara disimulada se veía a un transeúnte que entraba en un ascensor lleno de gente. Todos tenían instrucciones de Asch de volverse, es decir, de dar la espalda a la puerta del ascensor cuando entrase el transeúnte. Al ver que todo el mundo hacía esto, él también se puso de espaldas a la puerta.

FORMARSE UNA IMPRESIÓN

A Asch le interesaba mucho cómo la gente se forma impresiones de los demás. En un estudio dio a los participantes listas de características de personas hipotéticas y descubrió que pequeñas diferencias en la lista —por ejemplo, decir que alguien es «cálido» en lugar de «frío»—, sin cambiar ninguna otra, hacía que los participantes se formasen opiniones generales de la gente notablemente diferentes.

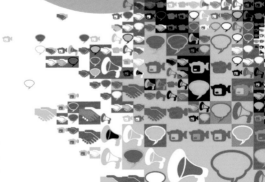

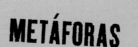

«La **mente humana** es el órgano para **descubrir** las **verdades** y no las falsedades.»

METÁFORAS

En su trabajo sobre la formación de impresiones, a Asch le fascinó el lenguaje que empleamos para describir características. Observó que empleamos términos como «frío», «cálido», «dulce» y «amargo» no solo para objetos físicos, sino para los rasgos de la personalidad. Examinó expresiones similares en los idiomas de todo el mundo, tanto antiguos como modernos, y vio que reflejan la forma en que intentamos comprender las características de las personas.

¿Un problema

LOS JÓVENES SON IRRESPONSABLES...

...PERO SI QUIERO SACAR EL TRABAJO TENGO QUE HACERLO CON ESTE JOVEN.

LAS ACTITUDES, EN ESPECIAL HACIA OTRAS PERSONAS Y OTRAS IDEAS, SUELEN BASARSE EN CREENCIAS PROFUNDAMENTE ARRAIGADAS Y NOS RESISTIMOS A CAMBIARLAS... ALGUNOS MÁS QUE OTROS. LAS ACTITUDES INFLUYEN EN LA CONDUCTA, PERO A VECES HACEMOS COSAS SOLO PARA CONGENIAR, POR MÁS QUE LO QUE REALMENTE PENSAMOS NO CAMBIE.

¿Qué son las actitudes?

Una actitud es la opinión que tenemos de las cosas, como de las personas con sus ideas y creencias: no es lo que sentimos en algún momento en especial, sino en general. El psicólogo social Daniel Katz explicó que nuestras actitudes hacia algo son una mezcla de lo que asociamos a ese algo, sus cualidades y cuánto creemos que tiene de positivo y de negativo. Así, podemos creer que los jóvenes son audaces y los mayores cautos, pero nuestra actitud hacia ellos depende de si pensamos que esas cualidades son buenas o malas. La situación social influye sobre las creencias y los valores que forman las actitudes. Tendemos a seguir las normas de la cultura en la que nos hemos criado, y a los grupos, sean organizaciones religiosas o políticas, a los que pertenecemos. Según Katz, nuestras actitudes cumplen varias funciones: si son socialmente aceptables, nos ayudan a ganar la aprobación de los demás. También nos ayudan a formar juicios coherentes, a expresar lo que

ES MÁS PROBABLE que a la gente le guste otra gente, objetos y afirmaciones si se les presentan durante una comida.

pensamos y a defendernos de opiniones contrarias. Los estudiantes que son malos deportistas pueden tener una actitud negativa hacia todos los deportes para no pasar vergüenza.

Actitudes y acción

Es natural que lo que se piensa de algo afecte a la conducta: la actitud hacia la política influye en el voto, en la elección del periódico e incluso en la elección de amistades. También afecta a la interacción con personas de opiniones diferentes. Sin embargo, no siempre las actitudes son indicativos exactos de cómo se comportará alguien. En algunas situaciones, la gente actúa en contra de sus propias opiniones porque piensa que debe plegarse a las de los demás u obedecer a una figura de autoridad. Cuando descubren que los que los rodean no aceptan su actitud, la presión social hace que actúen de una forma determinada, lo que no significa que su actitud haya cambiado. Las actitudes no son lo que las personas hacen, sino lo que piensan y sienten.

de ACTITUD?

LOS VIEJOS SON ABURRIDOS…

…PERO SI QUIERO EL EMPLEO TENGO QUE SER AGRADABLE CON ESTE VIEJO.

⊛ Conflicto interno
En ocasiones, las personas actúan como si simpatizaran y se respetaran, lo que no significa que en su interior lo sientan así.

¿Firmes en lo nuestro?
Resulta más fácil hacer lo que nos permite encajar, escondiendo las opiniones, que cambiar la manera en que se piensa y se siente. Pero, ¿alguna vez se cambia de actitud? Las actitudes están formadas por creencias y valores que hemos ido construyendo durante mucho tiempo, por eso son muy profundas y difíciles de cambiar. Y algunas son más resistentes al cambio que otras, sobre todo si las utilizamos para protegernos de opiniones contrarias. Cuando esto se lleva al extremo, aparecen los prejuicios y la discriminación de personas e ideas y se puede adquirir un sentimiento de superioridad. Sin embargo, así como las actitudes se forman socialmente a partir de las normas de los grupos sociales, también pueden cambiar cuando uno se mueve en círculos sociales diferentes, o cuando cambian las actitudes del grupo, como suele suceder con el tiempo. Por ejemplo,

LAS ACTITUDES SON UNA COMBINACIÓN DE CREENCIAS Y VALORES.
DANIEL KATZ

hace 200 años la mayoría de la gente aceptaba la existencia de la esclavitud porque por aquel entonces era una actitud socialmente aceptable. Cuando la sociedad cambió, otro tanto hicieron las actitudes individuales y hoy día casi nadie cree que podría apoyar esa idea.

BLANCO Y NEGRO
En la década de 1950, en el sur de EE UU, la norma social eran los prejuicios contra las personas negras. Pero, en un estudio sobre los mineros, los psicólogos descubrieron que bajo tierra las normas eran otras. Trabajando en la mina, el 80% de los mineros blancos era amigo de sus compañeros negros, pero, al salir a la superficie, solo el 20% mantenía la amistad con ellos. Es decir, los blancos se plegaban a normas diferentes bajo tierra y sobre ella.

El poder de la PERSUASIÓN

MUCHA GENTE INTENTA CAMBIAR NUESTRAS OPINIONES. LOS AMIGOS TRATAN DE CONVENCERNOS DE QUE HAGAMOS O PENSEMOS ALGO; LOS PUBLICISTAS QUIEREN VENDERNOS SUS PRODUCTOS; Y LOS POLÍTICOS Y LOS SACERDOTES ESPERAN TRANSMITIRNOS SUS IDEAS. PARA PERSUADIRNOS, TODOS ESTOS ESTAMENTOS EMPLEAN TÉCNICAS SIMILARES.

Véanse también: 74-75

Hacer comprender el mensaje

Cuando alguien que conocemos trata de que cambiemos de idea, seguramente nos presentará un argumento lógico a favor de su propio punto de vista. Pero esto no es lo único que nos convence: también influye el que nos guste o no la persona, si otros comparten la idea y qué ganaríamos al cambiar de opinión. Lo mismo se aplica a los publicistas o figuras públicas que quieren convencer a otros. Presentar un buen argumento solo es parte del proceso; para que el mensaje se comprenda debe tener un atractivo tanto emocional como lógico y provenir de una fuente fiable. A los que se quiere persuadir también deben creer que el mensaje es para ellos y han de sentirse cómodos con la nueva idea: no tiene que oponerse a sus creencias más profundas.

si en la conversación usas el nombre de la otra persona, es más fácil que esta simpatice contigo y te crea.

Trucos del negocio

En el siglo xx, los publicistas usaron cada vez más la psicología de la persuasión para vender productos: la comprensión de los psicólogos de cómo es posible cambiar las actitudes se reflejaba en las técnicas de la publicidad. Después de dejar la cátedra universitaria, el conductista John B. Watson comenzó a trabajar en una agencia de publicidad, donde aplicó sus conocimientos para la venta de productos. Desde hacía tiempo, los publicistas sabían que no bastaba con presentar un buen producto, y Watson indicó nuevas formas de convencer a los consumidores. Creía que la publicidad eficaz tiene que atraer las emociones y provocar una respuesta de amor, miedo o rabia: por ejemplo, insinuar que un producto te vuelve más atractivo hacia

MIEDO A LO DESCONOCIDO

La gente se siente más cómoda con lo que ya conoce y se resiste un poco a las ideas nuevas, especialmente si chocan con las propias. El psicólogo social Robert Zajonc mostró a algunas personas diferentes símbolos y comprobó que cuantas más veces veían un símbolo determinado, más les gustaba. La exposición repetida nos hace sentir más cómodos con las cosas y nuestra actitud hacia ellas cambia.

el sexo opuesto. Watson también fue pionero en la recomendación de productos —utilizar médicos o famosos para dar autoridad al mensaje— y de los estudios de mercado como sistema para saber cómo recibirá el público un producto.

La manipulación de la mente

Otros emplean las mismas técnicas pero no para vender productos, sino ideas. Los grupos políticos y religiosos necesitan convencer a la gente y ganar adeptos. El miedo puede ser una herramienta muy potente para convencer, como en las campañas para que la gente deje de fumar. Pero también se puede usar para promover opiniones extremas. En un estudio de la propaganda nazi de las décadas de 1930 y 1940, James A.C. Brown comprobó que el miedo se utilizaba para manipular la mente de los ciudadanos. Al jugar con el temor de sobresalir de entre la masa, la propaganda limita las posibilidades de elección y

reemplaza el argumento lógico por un solo punto de vista como hecho incontestable, a menudo con un «enemigo» típico como chivo expiatorio (en este caso los judíos). Un líder carismático, como Adolf Hitler, repite la idea como una consigna emocional, con lo que «lava el cerebro» o adoctrina a las personas. Otros regímenes tiránicos, y también las sectas religiosas, usan las mismas técnicas. Pero el poder de persuasión también puede ser positivo: la terapia cognitivo-conductual ayuda a cambiar actitudes poco sanas que suelen ser malas para la salud mental.

> EL **TEMOR** DE SER UNA **VOZ SOLITARIA** HACE QUE LA GENTE QUIERA **SUMERGIRSE** DENTRO DE LA **MASA.**
> JAMES A.C. BROWN

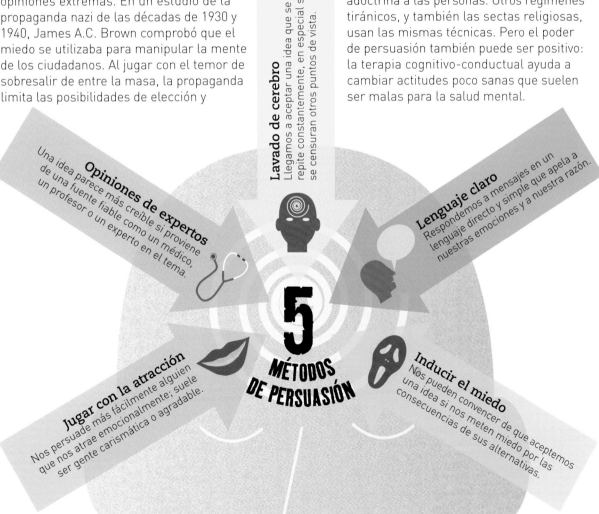

5 MÉTODOS DE PERSUASIÓN

Lavado de cerebro
Llegamos a aceptar una idea que se repite constantemente, en especial si se censuran otros puntos de vista.

Opiniones de expertos
Una idea parece más creíble si proviene de una fuente fiable como un médico, un profesor o un experto en el tema.

Lenguaje claro
Respondemos a mensajes en un lenguaje directo y simple que apela a nuestras emociones y a nuestra razón.

Jugar con la atracción
Nos persuade más fácilmente alguien que nos atrae emocionalmente; suele ser gente carismática o agradable.

Inducir el miedo
Nos pueden convencer de que aceptemos una idea si nos meten miedo por las consecuencias de sus alternativas.

¿Qué te hace

LA IRA ES UNA DE LAS EMOCIONES HUMANAS BÁSICAS. PUEDE VENIR DE DENTRO DE NOSOTROS, POR FRUSTRACIÓN, O DESENCADENARSE POR UNA SITUACIÓN EXTREMA. COMO OTRAS EMOCIONES, NUESTRO CONTROL SOBRE LA IRA ES LIMITADO: PUEDE SEGUIR BULLENDO Y TRANSFORMARSE EN AGRESIVIDAD HACIA LOS DEMÁS.

> LA **AGRESIVIDAD** SIEMPRE ES CONSECUENCIA DE LA FRUSTRACIÓN... Y LA **FRUSTRACIÓN** SIEMPRE CONDUCE A LA AGRESIVIDAD.
>
> JOHN DOLLARD Y NEAL E. MILLER

Véanse también: 26-27, 92-93

Ira interna

Más que otros animales, los seres humanos hemos aprendido a controlar la agresividad, pero muchos psicólogos creen que forma parte de nuestra naturaleza. Algunos sostienen la cínica opinión de que el ser humano es esencialmente egoísta y usa la agresividad para obtener poder y ventajas. Konrad Lorenz explicaba la agresividad como un instinto con función evolutiva, que nos ayuda a proteger a nuestra familia, nuestros recursos y nuestro territorio.

Los estudios demuestran que los deportistas que visten de negro cometen más faltas.

Freud relacionaba ese instinto con un impulso autodestructivo: una ira interna hacia nosotros mismos que reprimimos pero que, al crecer, puede generar un violento estallido de agresividad hacia los demás. Sin embargo, en tanto la ira y la agresividad pueden ser innatas a la naturaleza humana, Albert Bandura afirmó que el modo en que la mostramos —como comportamiento agresivo— es algo que aprendemos socialmente. En su célebre experimento del tentetieso (*véase* página 27), demostró que los niños imitan la conducta agresiva de los adultos; por eso nos preocupa que las películas, la televisión y los videojuegos violentos fomenten la violencia, sobre todo entre los jóvenes.

Qué frustrante

A los psicólogos estadounidenses John Dollard y Neal E. Miller también les intrigó qué causa la conducta agresiva. Opinaron que nos volvemos agresivos cuando se nos impide conseguir algo. Sentimos frustración de que se bloqueen nuestros esfuerzos y dirigimos la ira hacia lo que tenemos delante. A veces, si nadie es responsable de esa frustración, o si la causa del problema es nuestra propia incapacidad, la agresividad se dirige contra un «chivo expiatorio». Dollard y Miller creían que la frustración siempre

SÍMBOLOS DE LA VIOLENCIA

En el estudio de Leonard Berkowitz se aplicaron descargas eléctricas a la mitad de los voluntarios. A continuación, se les dio la oportunidad de administrarlas ellos a la otra mitad. Lo hicieron en una habitación donde había un arma o una raqueta de bádminton. Los que recibieron descargas dieron más a su vez, pero de entre estos los que dieron aún más fueron los que tenían el arma a la vista.

ENFADAR?

lleva a la agresión, pero posteriormente refinaron su teoría y probaron que la frustración tiene grados: es más probable que engendre agresividad cuando no se la espera y cuando creemos que el responsable de esa frustración nos fastidia sin motivo.

Gatillos peligrosos

Leonard Berkowitz creía que la frustración no explica del todo el comportamiento agresivo. Según él, la frustración causa ira y no agresividad, y la ira no es más que un dolor psicológico que lleva a la agresión. Cualquier tipo de dolor —físico o psicológico— puede provocar la agresión, pero tiene que haber otro factor externo, un impulso que nos haga reaccionar agresivamente (*véase* Símbolos de la violencia, a la izquierda). Berkowitz afirmaba que nuestra mente asocia

> EL DEDO APRIETA EL GATILLO, PERO ES POSIBLE QUE EL **GATILLO** TAMBIÉN ESTÉ **APRETANDO EL DEDO.**
> LEONARD BERKOWITZ

ciertos objetos al comportamiento agresivo, como las armas. Cuando sentimos esos impulsos en nuestro entorno, en la mente aparecen pensamientos y sentimientos agresivos capaces de desencadenar una conducta violenta o agresiva como respuesta a nuestro malestar.

Entrar en erupción ❯

Nos enfadamos cuando estamos frustrados, pero también al exponernos a ciertos impulsos. Estos pueden ser objetos evidentes como armas, pero también ruidos altos, malos olores o temperaturas extremas.

RUIDO MOLESTO

VISIÓN DE UN ARMA

OLOR NAUSEABUNDO

PARTIDO PERDIDO

ATASCO DE TRÁFICO

EXPLOTAMOS POR TODO TIPO DE MOTIVOS.

STANLEY MILGRAM

1933–1984

Hijo de un panadero judío húngaro y de madre rumana, Stanley Milgram nació en Nueva York. Fue un excelente estudiante y compaginó la carrera de ciencias políticas mientras se doctoraba en psicología social en Harvard. Se hizo famoso por sus experimentos sobre la obediencia mientras enseñaba en Yale en la década de 1960. Era profesor en Nueva York cuando murió de un infarto en 1984.

CREAR CONTROVERSIA

En el experimento más célebre de Milgram se ordenó a los participantes aplicar descargas eléctricas a un aprendiz cuando contestase mal las preguntas. Muchos obedecieron la orden de ir aumentando el voltaje, lo que indica que la mayoría de las personas hará cualquier cosa que se les ordene. Las descargas eran, en realidad, falsas, pero lo polémico fue el hecho de que los participantes creyesen que estaban causando daño.

LA CARTA PERDIDA

Para comprobar ciertas actitudes, Milgram y sus colegas dejaron en sitios públicos cartas selladas pero sin enviar. Iban dirigidas a diversas organizaciones, algunas de ellas claramente «buenas», como Médicos Sin Fronteras, y otras a grupos «malos», como los Amigos del Partido Nazi. Las actitudes de las personas hacia esas organizaciones se evidenciaron en si se enviaron o no las cartas.

EL **NIÑO PERDIDO**

Un niño, enviado por Milgram, fingió estar perdido por las calles de EE UU para comprobar cuántas personas le ofrecían ayuda. El niño decía a los transeúntes: «Me he perdido. ¿Puedes llamar a mi casa?». Las reacciones variaban según los sitios: en las ciudades pequeñas, la gente, en general, mostraba simpatía y el 72% ofreció ayuda. En las grandes ciudades, muchos ignoraron la súplica, menos de la mitad intentó ayudar, y se desviaba para evitar al niño.

Uno de los compañeros de instituto de Milgram era Philip Zimbardo, quien también fue un polémico psicólogo social.

«La consecuencia más trascendental de la sumisión a la autoridad es la **desaparición** del sentido de la **responsabilidad**»

¿UNA MALA **INFLUENCIA?**

En un estudio sobre la influencia de la televisión en el comportamiento antisocial, Milgram mostró un episodio de la serie *Medical Center*, pero cambiando el final según el grupo de voluntarios. En una versión, el protagonista roba dinero; en otra, lo dona para caridad. Milgram puso a los voluntarios en las mismas situaciones para comprobar si imitaban las acciones del protagonista. La mayoría, incluso los que vieron la escena del robo, no se robaron entre ellos.

¿Perteneces al

LOS SERES HUMANOS SON ANIMALES SOCIALES QUE SE ORGANIZAN EN GRUPOS PARA HACER LO QUE NO PUEDEN HACER SOLOS. ALGUNOS GRUPOS SE COMPONEN DE PERSONAS CON LAS MISMAS IDEAS; OTROS REÚNEN A PERSONAS CON OPINIONES DIFERENTES Y, PARA FUNCIONAR CON EFICIENCIA, DEBEN PONERSE DE ACUERDO PARA ACTUAR COMO UNA SOLA PERSONA.

> **NO ES LA DIFERENCIA O SEMEJANZA DE LOS INDIVIDUOS LO QUE CONSTITUYE UN GRUPO, SINO LA INTERDEPENDENCIA DE SUS DESTINOS.**
> **KURT LEWIN**

Funcionar juntos

Uno de los primeros psicólogos que estudiaron cómo se agrupa la gente fue Kurt Lewin, quien acuñó el término «dinámica de grupo» para describir cómo se comportan y evolucionan los grupos y cada uno de sus integrantes. Las ideas de Lewin estaban influidas por la noción de la psicología de la Gestalt de que «el todo es diferente de la suma de sus partes», lo cual indica que los grupos pueden lograr cosas que no pueden las personas solas. Pero puede que cada uno de sus miembros tenga una opinión diferente y que para funcionar juntos deban acordar objetivos comunes o llegar a un consenso. El consenso se considera importante dentro de un grupo, incluso en las sociedades occidentales, donde existe un alto concepto de la individualidad y nos fiamos de instituciones grupales, como los jurados y los comités, para que tomen decisiones correctas.

> Llegamos a ideas más creativas solos que en grupos.

Pensar juntos

El deseo natural de «encajar» puede ayudar a que un grupo alcance acuerdos y construya un «espíritu de equipo», pero tiene su lado negativo. El psicólogo social Irving Janis señaló que esta necesidad de encaje puede conllevar la pérdida de la individualidad. Los integrantes del grupo quizá sientan que tienen que pensar como los demás, y puede que, junto con la conformidad, haya un elemento de obediencia, y los individuos se sientan presionados a aceptar las decisiones del grupo. Existe el peligro de lo que el sociólogo William H. Whyte llamó «pensamiento de grupo»: cuando la presión para encajar anula al pensamiento crítico independiente. Cada uno de los miembros no solo acepta las decisiones del grupo, sino que llega a creer que esas decisiones son siempre las correctas, y así, a veces, se refrendan por unanimidad decisiones erróneas. Otro riesgo es que un grupo crea que es mejor que otros grupos, lo cual causa un conflicto entre «los de dentro» y «los de fuera».

Permitir la disensión

Janis reconoció los problemas del pensamiento de grupo pero también que podían evitarse. Es más

> **EL PENSAMIENTO DE GRUPO SOSTIENE QUE LOS VALORES GRUPALES NO SOLO SON CONVENIENTES SINO TAMBIÉN CORRECTOS Y BUENOS.**
> **WILLIAM H. WHYTE**

GRUPO?

LA MENTALIDAD DE GRUPO ES CAPAZ DE COMERSE EL PENSAMIENTO INDEPENDIENTE.

⊙ ¿Peces grandes, peces pequeños?

Es más probable que formen grupos las personas que piensan igual o parecido. Una vez dentro, los miembros pueden perder su individualidad y seguir ciegamente a la mayoría, a veces con consecuencias negativas.

Véanse también: 76–77, 138–139

probable que surja cuando el espíritu de grupo cobra más importancia que las opiniones personales, pero también si, desde el principio, el grupo está formado por personas que piensan igual y si se enfrentan a una decisión difícil. Janis propuso un sistema de organización que alienta el pensamiento independiente. El líder del grupo debe parecer imparcial para que los miembros no se sientan presionados para obedecer, pero también ha de lograr que el grupo examine todas las opciones y hasta consulte con gente ajena al grupo. Según Janis, la disensión, en realidad, es buena y recomendó que se pidiese a los miembros que hicieran de «abogados del diablo», es decir, que introdujeran un punto de vista alternativo para alentar discusiones. Además de asegurarse de que el grupo llega a decisiones más racionales y justas,

permitir que los miembros conserven su individualidad crea un espíritu de equipo más sano que el pensamiento de grupo, cuyos resultados son la conformidad y la obediencia.

EN MI BANDA

En un experimento de la década de 1950, Muzafar Sherif dividió a los chicos de un campamento en dos equipos. Sin saber nada del otro equipo, los chicos se unieron mucho en los suyos. Luego, se presentaron los dos grupos y tuvieron que competir en concursos. Todos los chicos pensaban que su equipo era mejor que el otro y hubo algunos conflictos. También la mayoría afirmó que sus mejores amigos eran miembros de su propio equipo, aun cuando antes del experimento muchos de ellos tenían a sus mejores amigos en el otro.

LAS PERSONAS TIENEN QUE TRABAJAR EN GRUPOS EN TODO TIPO DE SITUACIONES: EN NEGOCIOS, EN POLÍTICA Y EN ACTIVIDADES DE OCIO COMO LOS DEPORTES Y LA MÚSICA. PARA FUNCIONAR EFICAZMENTE, CADA UNO DE SUS MIEMBROS DEBE TRABAJAR COMO UN EQUIPO Y CUANTO MÁS ORGANIZADO ESTÉ EL GRUPO, MEJOR. LA MAYORÍA DE LAS ORGANIZACIONES TAMBIÉN NECESITA ALGÚN TIPO DE LIDERATO.

Espíritu de equipo

Cuando un grupo de personas trabaja es importante que cada una lo haga en equipo y colabore para alcanzar objetivos comunes. Kurt Lewin, pionero de la investigación del comportamiento de grupos, demostró que para funcionar como equipo cada integrante debe sentirse parte necesaria de él. Si entienden que su bienestar depende del bienestar del grupo, es más probable que compartan de modo equitativo la responsabilidad de dicho bienestar. Para que todos contribuyan, los miembros deben organizarse según sus fuerzas y sus debilidades. El psicólogo australiano Elton Mayo descubrió que los trabajadores de la industria se constituían

identificado tres clases de necesidades que los líderes han de tener en cuenta: *1)* las cosas que lograr para hacer el trabajo (necesidad del trabajo); *2)* asegurarse de que la gente colabora con eficiencia y resolver toda posible disputa (necesidad del grupo), y *3)* lo que cada miembro del

ALGUNOS DIRECTIVOS NO TIENEN MUCHA FE EN SU EQUIPO: SUPONEN QUE SON VAGOS Y HAY QUE DECIRLES EXACTAMENTE QUÉ HACER.

X

¿Qué hace GANA

informalmente en grupos y surgía un líder para organizarlos y construir el «espíritu de equipo». Puede que otras jerarquías sean más formales, pero todas están estructuradas de manera que cada miembro tiene su sitio en el grupo bajo un liderato que inspira el trabajo en equipo.

Seguir al líder

Mayo también comprobó que trabajar juntos es una necesidad social humana y que pertenecer a un grupo es más importante que la recompensa por la tarea. Para que el liderato sea eficaz debe reconocer las necesidades sociales de los miembros del equipo, a la vez que vigilar que hagan su trabajo. A partir de Mayo, los psicólogos han

DOS tercios de los trabajadores afirman que lo más estresante de su trabajo es el jefe.

CUANDO LA **AUTORIDAD** NO FUNCIONE, NO SE QUEDE EN EL **TÉRMINO MEDIO.** UTILICE OTRO MEDIO DE **INFLUENCIA.**
DOUGLAS MCGREGOR

equipo quiere para terminar el trabajo (necesidad individual). Equilibrar las tres necesidades ayuda a formar un equipo del que sus miembros se sientan parte y se comprometan y enorgullezcan de la organización.

Estilos de dirección

Un líder puede alentar de muchas maneras a los miembros de su equipo. Algunos son autoritarios:

HAY DOS ESTILOS DE LIDERATO.

OTROS DIRECTIVOS CONFÍAN EN QUE EN SU EQUIPO LA GENTE ESTÁ MOTIVADA Y ES CAPAZ, Y LA DEJA TRABAJAR SIN APENAS INTERVENCIÓN.

Y

Véanse también: 136-137

DOR a un equipo?

les dicen a sus subordinados lo que deben y lo que no deben hacer. Otros son más democráticos y consultan con el equipo, y otros dejan que sigan con lo que están haciendo. La actitud del líder hacia su equipo determina el estilo de dirección, según el experto en gestión Douglas McGregor. Sostuvo que en el mundo empresarial hay dos estilos de liderato: el X y el Y. En el estilo X, un directivo supone que sus trabajadores son vagos y no tienen ambición, entonces adopta un estilo de liderato autoritario. Pero en el estilo Y, el directivo supone que sus empleados están motivados, son ambiciosos y disciplinados y adopta un estilo más colaborador. A pesar de que McGregor se refiere principalmente a la

dirección de empresas, y especialmente de recursos humanos, los dos estilos de liderato se pueden encontrar en toda clase de equipos.

EL EFECTO HAWTHORNE

En la década de 1930, Elton Mayo estudió a los trabajadores de la Planta Eléctrica Hawthorne de Chicago. Descubrió que la productividad aumentaba cuando se subía el nivel de iluminación de la planta. Al bajar la iluminación, aunque sin llegar al nivel original, la productividad aumentó más aún y, al volver a elevarla, continuó aumentando todavía. Los trabajadores no respondían a la iluminación, sino al hecho de que a alguien le interesaba lo que hacían.

MUCHOS DE NUESTROS MOMENTOS DE OCIO SE LLENAN CON DEPORTES DE COMPETICIÓN YA SEA COMO PARTICIPANTES O COMO ESPECTADORES. LAS PRESIONES DE LA COMPETICIÓN Y VERSE DELANTE DE PÚBLICO PUEDEN IMPULSAR A UN DEPORTISTA A DAR LO MEJOR DE SÍ... O NO. PERTENECER A UN EQUIPO TAMBIÉN INFLUYE EN EL RENDIMIENTO DE LA PERSONA.

¿Puedes RENDIR bajo

demostraron que la rivalidad también tiene un efecto físico y se asocia a cambios orgánicos, como el aumento de la frecuencia cardíaca y de la concentración de testosterona, lo que mejora el rendimiento.

El don de competir

Uno de los primeros psicólogos dedicados a la psicología del deporte fue Norman Triplett, quien, a finales del siglo XIX, quiso saber de qué modo la competición afecta a nuestro rendimiento. Observó que los ciclistas iban más rápido al competir con otros que cuando practicaban «contrarreloj», solos. Para probar si la competición mejora el rendimiento, ideó un experimento con niños que izaban una bandera en una cuerda dándole vueltas a un carrete, solos o por parejas. Comprobó que lo hacían más rápido cuando competían y concluyó que tenemos un instinto competitivo que nos espolea para que rindamos más. Estudios posteriores

La alegría que sentimos cuando gana nuestro equipo dura más que la desilusión cuando pierde.

Deportes con espectadores

Otros psicólogos que estudiaban el rendimiento deportivo notaron que los participantes mejoraban no solo cuando competían contra otro, sino también cuando hacían algo al mismo tiempo que otras personas, e incluso cuando les miraban. Gordon Allport llamó a estos «efecto de coacción» y «efecto del público», y explicó que hacemos las cosas mejor en presencia de otros pero no necesariamente en competición. Pero Robert Zajonc y otros descubrieron que esto no sucede siempre. Cuando hacemos algo en lo que somos buenos —una tarea simple o una habilidad muy practicada— lo hacemos mejor si hay otras personas. Sin embargo, si es difícil, como un lanzamiento complicado, la presencia de otras personas provoca el efecto opuesto. En lo que es difícil debemos

CARRERAS DE CUCARACHAS

No solo a los seres humanos les afecta tener público. En 1969, unos experimentos con cucarachas demostraron que les resultaba más difícil hallar el camino en un laberinto cuando había otras cucarachas presentes que cuando estaban solas. Sin embargo, en la tarea más fácil de correr en línea recta, eran más rápidas en presencia de congéneres que solas.

PRESIÓN?

> **LA PRESENCIA DE ESPECTADORES DIFICULTA EL APRENDIZAJE PERO MEJORA EL RENDIMIENTO.**
>
> ROBERT ZAJONC

SALTAMOS MEJOR SI HAY GENTE MIRANDO...

...PERO SOLO   SI HEMOS PRACTICADO   ESTOS SALTOS...

...Y DEBEMOS TENER CUIDADO PARA NO   DISTRAERNOS.

LA COMPETICIÓN SUELE MEJORAR EL RENDIMIENTO INDIVIDUAL

concentrarnos más y es más probable que lo hagamos mal si la gente que nos mira nos distrae.

Que el trabajo lo hagan los demás

Desde luego, la presencia de otras personas es crucial en los deportes y otras actividades en equipo. No solo debemos actuar bien individualmente, sino colaborar como grupo. Y, aunque la presencia de otros y el elemento de competición quizá mejoren nuestro rendimiento, trabajar dentro de un grupo también tiene un lado negativo: cada uno de sus integrantes tiende a rendir menos cuanto mayor es el grupo, especialmente si es difícil ver qué esfuerzo hace cada uno. Por ejemplo, en el juego del tira y afloja, cuantas más personas haya en el equipo menos esfuerzo tendrá que hacer cada una de ellas. Bibb Latané describió este efecto de dejar que los demás se esfuercen como «holgazanería social».

⟲ Bajo presión
Solemos rendir más cuando hay gente mirando, pero solo si hacemos algo en lo que somos buenos. Si no es así, el público puede ser molesto e incluso perjudicar el rendimiento.

¿ESTÁS PENSANDO

ENTRE HOMBRES Y MUJERES HAY DIFERENCIAS FÍSICAS EVIDENTES Y, HASTA CIERTO PUNTO, ESTO AFECTA A SUS CAPACIDADES EN ALGUNAS ACTIVIDADES. NO ESTÁ TAN CLARO QUE HAYA O NO DIFERENCIAS PSICOLÓGICAS ENTRE AMBOS SEXOS. DE HABERLAS, ¿PROVIENEN DE CÓMO SE TRATA A LOS CHICOS Y LAS CHICAS, O SUS CEREBROS FUNCIONAN DE FORMA DISTINTA?

¿Cómo pien

Obligadas a ser femeninas

En las décadas de 1950 y 1960, el auge del feminismo impulsó el interés en las diferencias psicológicas entre los dos sexos. La filósofa francesa Simone de Beauvoir afirmaba que la sociedad nos impone sus ideas sobre lo masculino y lo femenino y, como la mayoría de las sociedades está dominada por los hombres, se considera a las mujeres sumisas y emocionales. Muchas feministas estuvieron de acuerdo e hicieron una distinción entre sexo (lo que nos diferencia físicamente) y género (las diferencias de pensamiento y conducta atribuidas por la sociedad). El psicólogo del desarrollo Albert Bandura confirmó esta idea e indicó que chicos y chicas se comportan diferente porque se les trata diferente: aprenden los estereotipos sexuales en la sociedad de las personas que los rodean. Y, al crecer, las actitudes sociales se imponen de manera que nos parece negativo que se comporten de forma diferente a lo que manda el estereotipo.

Las zonas del cerebro que controlan la agresividad son más grandes en las mujeres.

Alice Eagley demostró que se mira mal a las mujeres capaces si exhiben esa capacidad de manera tradicionalmente masculina: así, se llamó «la dama de hierro» a Margaret Thatcher debido al fuerte liderato que ejerció como primera ministra británica en la década de 1980.

Capacidades intelectuales

Pero, ¿existe algún motivo para estos estereotipos de género? ¿Realmente hay diferencias psicológicas genéricas? Eleanor E. Maccoby pensaba que no y

Véanse también: 26–27, 84–85, 104–105

TODAS LAS SOCIEDADES HUMANAS CONOCIDAS TIENEN NORMAS ACERCA DEL GÉNERO.

ELEANOR E. MACCOBY

LO QUE YO ESTOY PENSANDO?

demostró que casi todas las ideas tradicionales sobre el género son mitos. Por ejemplo, no halló pruebas de que los chicos tengan mayor capacidad intelectual que las chicas. Pero sí hubo una diferencia difícil de explicar: en el colegio, las chicas siempre son mejores que los chicos, afirmación que choca

san ELL@S?

con el estereotipo clásico del impulso masculino de realizarse y de su supuesta aptitud para las tareas intelectuales. Maccoby sostuvo que la verdadera diferencia no es la capacidad, pero que las chicas, sobre todo las adolescentes, son más disciplinadas que los chicos y se esfuerzan más en sus estudios.

¿Cerebros masculinos y femeninos?

Para algunos psicólogos sí existen diferencias en cómo piensan y se comportan ambos sexos que no se han aprendido de la sociedad. Los evolutivos dicen que esas diferencias innatas impulsan a las mujeres a ocuparse de sus familias y a los hombres a protegerlas y mantenerlas. Recientemente, Simon Baron-Cohen expuso la teoría de que hay «cerebros masculinos» y «cerebros femeninos» (aunque no se corresponden necesariamente con el sexo físico). Dijo que los cerebros femeninos son más empáticos, que reconocen y responden a los pensamientos y sentimientos de los demás, en tanto que los cerebros masculinos son más sistematizadores, capaces de analizar y entender sistemas y reglas mecánicas y abstractas. Las mujeres puntúan más alto en la escala de la empatía y los hombres en la escala de la sistematización. Si bien la idea de Baron-Cohen

parece tener cierto deje de estereotipo genérico, no hay una división clara entre los dos sexos: muchos hombres tienen un cerebro empático y muchas mujeres, sistemático. Hay una gran cantidad de personas que cree tener características que se asocian al sexo opuesto y algunos creen que han nacido con el sexo equivocado. Nuestras ideas sobre la diferencia entre hombres y mujeres han sido siempre blanco o negro, pero, por lo visto, en la realidad existe una zona muy gris.

EL EXPERIMENTO DEL BEBÉ X

En la década de 1970, en varios estudios se mostró a personas adultas un bebé, el Bebé X. A algunos se les dijo que era un niño y a otros que era una niña; a otros no se les dijo nada. Sus reacciones —cómo jugaban con el bebé y cómo interpretaban sus respuestas a juguetes como muñecas o coches— demostraron estar influidas por el sexo que creían que tenía el bebé.

¿Por qué la gente se **ENAMORA**?

Mujeres y hombres se sienten más atraídos por personas con rasgos simétricos.

UNA DE NUESTRAS NECESIDADES HUMANAS BÁSICAS ES LA DE OTRAS PERSONAS. NOS HACE FALTA LA COMPAÑÍA DE AMIGOS, PERO TAMBIÉN EL AFECTO Y LA INTIMIDAD DE UNA RELACIÓN MÁS ESTRECHA. LOS PSICÓLOGOS TRATAN DE DESCUBRIR CÓMO ELEGIMOS A NUESTRA PAREJA, POR QUÉ NOS ATRAE Y QUÉ ES EL AMOR.

Véanse también: 14-15, 94-95

Diferentes tipos de amor

Las relaciones con otras personas dan sentido a la vida y la amistad forma parte importante de ello. Pero también hay relaciones más comprometidas, que son diferentes de la amistad: aunque podemos tener varios amigos al mismo tiempo, normalmente tenemos una sola pareja. Este tipo de relación individual, exclusiva, suele asociarse al amor más que a la amistad. Algunos psicólogos creen que el objetivo de este tipo de amor es evolutivo: nos hace elegir a alguien con quien tener hijos y a mantener a la pareja unida para criarlos juntos. Otros, entre ellos John Bowlby, consideraban el amor una forma de apego similar a la del niño con sus padres, pero con elementos de atención y cuidado, así como de atracción sexual. Sin embargo, existen diferentes tipos de amor: desde el amor romántico y apasionado hasta la compañía tranquila. Y también existen diversos tipos de relación comprometida: en las sociedades occidentales las personas eligen a sus parejas, pero hay culturas en las que son los padres los que disponen los matrimonios. En otras, se considera normal la poligamia (el matrimonio de más de dos personas) y también hay una importante proporción de personas en todo el mundo que tiene parejas de su mismo sexo.

Amor y atracción

Robert Sternberg estudió los diferentes tipos de amor e identificó tres factores básicos que participan en una relación amorosa: intimidad, pasión y compromiso. Defendió que el amor romántico incluye intimidad y pasión pero poco compromiso, en tanto que el amor afectuoso tiene

ENVEJECER JUNTOS

En un estudio de Robert Zajonc se mostró a los participantes fotos de personas durante los primeros años de su matrimonio y al cabo de 25 años. Se dieron cuenta de que los rostros de las parejas se parecían más entre sí a medida que envejecían juntas. Esto puede ser porque la gente tiende a elegir parejas semejantes físicamente, o porque cada uno imita las expresiones del otro.

Triángulo del amor

Según Robert Sternberg, las relaciones amorosas comprenden tres factores cuyas diferentes combinaciones determinan el tipo de amor que existe. Las relaciones más sólidas están construidas sobre los tres elementos.

PASIÓN

COMPROMISO

LA FÓRMULA DEL AMOR TIENE MUCHAS VARIANTES.

INTIMIDAD

menos pasión pero es una combinación de intimidad y compromiso. Cuando hay pasión y compromiso sin intimidad, lo llama amor fatuo. No obstante, todas las relaciones amorosas comienzan porque la gente se atrae entre sí. Pero, ¿qué hace atractivo a alguien? Los psicólogos evolutivos explican la atracción como la manera de elegir una pareja bien dotada para tener hijos sanos: nos sentimos atraídos por personas saludables, en forma y poderosas. Esto en cuanto a la atracción física, pero hay otros factores que también participan en esa atracción. A medida que conocemos a la otra persona, nos enteramos de su entorno social y su personalidad y algunos psicólogos opinan que nos atraen personas con puntos de vista similares a los nuestros, con necesidades y recursos que nos complementan o que tienen la misma posición social.

Seguir juntos

Lamentablemente, no todas las relaciones íntimas duran más allá del período de atracción inicial. Esta es solo la primera de las varias etapas de una relación, a la que sigue el enamoramiento, el compromiso establecido entre ambos y finalmente el emprender una vida estable en común. Para que una relación sea duradera, según Sternberg, tiene que basarse en más de uno de los elementos de intimidad, pasión y compromiso, y lo ideal es que sea una combinación de los tres. Pero incluso las relaciones de larga duración pueden romperse por muchos motivos. Algunas se debilitan por diferencias socioeconómicas o de edad, pero, las mayoría de las veces, las parejas sencillamente se separan. Además, los conflictos están presentes en todas las relaciones; la forma en que se resuelven es lo que determina si la pareja sobrevivirá.

EL APEGO CARACTERIZA LAS RELACIONES HUMANAS DESDE LA CUNA HASTA LA TUMBA.

JOHN BOWLBY

LA CANTIDAD DE AMOR QUE SE EXPERIMENTA DEPENDE DE LA SOLIDEZ ABSOLUTA DE LA INTIMIDAD, LA PASIÓN Y EL COMPROMISO.

ROBERT STERNBERG

En ocasiones, la gente puede ser muy cruel en Internet. Parece que el anonimato impulsa a algunas personas a comportarse como si sus actos no tuvieran consecuencias. Los psicólogos afirman que es necesario que las redes sociales pongan en evidencia a estos delincuentes para que se entienda que el ciberacoso es inaceptable.

CIBERACOSO

AL RESCATE

Es extraño, pero cuantas más personas ven a alguien en apuros, menos probable es que le ayuden. Esto se denomina el «efecto espectador» porque cada una de las personas supone que algún otro ayudará. Si alguna vez tienes una emergencia, señala a una única persona y dile «ayúdame».

Psicología social en el
MUNDO REAL

AMIGOS CONOCIDOS

Los psicólogos han observado que el simple hecho de estar cerca de la gente basta para que te guste. Los estudiantes que viven en la misma planta, en una residencia, tienen muchas más posibilidades de hacerse amigos que los de plantas diferentes, incluso si las habitaciones se han asignado al azar.

UNO DE NOSOTROS

Nos influye con mucha más facilidad la gente que nos gusta: por eso los vendedores halagan a sus clientes. También tendemos a fiarnos y creer a la gente que se parece a nosotros. A menudo los políticos imitan la manera de hablar del público y se visten de manera informal para atraer a los votantes.

Algunos psicólogos creen que nos plegamos a otras personas por motivos evolutivos. Si, como ellas, llevamos ropa de moda o nos gustan ciertos grupos de música, nos aceptarán socialmente. Sin esto, puede que tengamos que esforzarnos por encontrar la pareja con la que reproducirnos. Así, en cierto modo, encajar nos hace más atractivos.

ENCONTRAR UNA PAREJA

MIEDO ESCÉNICO

Hasta los grupos más cotizados deben ensayar durante horas antes de actuar en directo. Tener público puede afectar a nuestra actuación. Si la tarea es sencilla o si eres experto, lo harás mejor. Si es difícil y no eres experto, es posible que lo hagas peor.

Los psicólogos sociales estudian la forma en que las personas interactúan, forman grupos y ejercen presión sobre los demás. Sus descubrimientos explican nuestras relaciones con amigos y amados, y los utilizan particulares y organizaciones, como políticos y publicistas para influir en nuestra conducta.

Si quieres gustarle a la gente, asegúrate de estrecharles la mano con calidez. Los investigadores han descubierto que pueden influir sobre las impresiones de los demás cambiándoles la temperatura de las manos. Las manos calientes dan la impresión de una personalidad cálida.

TRUCOS PUBLICITARIOS

TOQUE CÁLIDO

¿Has notado cómo los anuncios de objetos anodinos en televisión suelen ser estrambóticos? Los publicistas saben que es mejor convencer a las personas con el humor que con el razonamiento. Cuanto más anodino es el producto, menos gente atiende a los argumentos racionales.

Biografías

Mary Ainsworth (1913–1999) *Véanse* pp. 30–31.

Gordon Allport (1897–1967) *Véanse* pp. 88–89.

Elliot Aronson (n. 1932)
Se crió en la pobreza en Massachusetts (EE UU) durante la Gran Depresión. Empezó a estudiar economía pero se cambió a psicología después de asistir por casualidad a una conferencia de Abraham Maslow. Aronson destaca por su investigación de los prejuicios y los comportamientos extremos. Además, es la única persona que ha ganado los tres premios instituidos por la American Psychological Association: a la escritura, a la enseñanza y a la investigación.

Albert Bandura (1925–2021)
Conocido por su experimento del tentetieso y por su teoría del aprendizaje social, Bandura, hijo de polacos, nació en un pueblo de Alberta (Canadá). Tras doctorarse en la Universidad de Iowa (EE UU), enseñó en la de Stanford en California. Fue presidente de la American Psychological Association en 1974.

Aaron Beck (n. 1921)
Nació en Rhode Island (EE UU), hijo de inmigrantes rusos. A los ocho años sufrió una grave enfermedad, lo que le decidió a estudiar medicina. Se matriculó en la Universidad de Brown y en la facultad de medicina de Yale, se especializó en psiquiatría y trabajó en la Universidad de Pensilvania. En 1994, junto con su hija Judith, fundó el Instituto Beck de Terapia Cognitivo-Conductual. Se le considera el padre de la terapia cognitiva y sus métodos innovadores se usan para tratar la depresión.

Colin Blakemore (n. 1944)
Es profesor de neurociencia en la Universidad de Oxford y en la de Londres, y también fue presidente del Consejo Británico de Investigación Médica. Sus investigaciones se centran en la evolución de la visión y del cerebro, y es conocido por su trabajo sobre el concepto de neuroplasticidad y por su apoyo a las pruebas con animales en investigación médica.

Gordon H. Bower (1932–2020)
Bower es conocido, sobre todo, por sus aportaciones a la psicología cognitiva, en especial por su obra sobre la memoria humana. Creció en Ohio (EE UU), y en el instituto conoció las obras de Sigmund Freud. Se graduó en psicología en la Universidad Case Western Reserve, de Cleveland, y se doctoró en Yale. Enseñó en la Universidad de Stanford y en 2005 se le concedió la Medalla Nacional de las Ciencias de su país.

John Bowlby (1907–1990)
Nacido en Londres, en una familia de clase media alta, a Bowlby prácticamente lo criaron las niñeras y fue internado en una escuela a los siete años, experiencias que influyeron en su obra posterior. Estudió psicología en el Trinity College de Cambridge y se especializó en psicoanálisis. Trabajó muchos años como director de la Clínica Tavistock de Londres y destacó por su innovadora teoría del apego.

Donald Broadbent (1926–1993) *Véanse* pp. 70–71.

Jerome Bruner (1915–2016)
Pionero del movimiento psicológico cognitivo, nació en Nueva York de padres polacos. Estudió en la Universidad de Duke, Carolina del Norte, y se doctoró en Harvard. Sirvió en el ejército estadounidense en la Segunda Guerra Mundial. En 1960 fundó el Centro de Estudios Cognitivos, junto con George A. Miller. Fue presidente de la American Psychological Association en 1965.

Noam Chomsky (n. 1928)
Mundialmente conocido como uno de los fundadores de la lingüística moderna, Chomsky también es filósofo y activista social y ha escrito más de cien libros. Se licenció y doctoró en la Universidad de Pensilvania y luego enseñó en el Instituto de Tecnología de Massachusetts. Sus obras le han hecho merecedor de numerosos premios, y varias universidades de todo el mundo le han concedido doctorados honoríficos.

Mihály Csíkszentmihályi (n. 1934)
Este psicólogo húngaro nació en Fiume (Italia; actualmente Rijeka, Croacia). Siendo adolescente asistió a una charla de Carl Jung y esto le impulsó a estudiar psicología. Se trasladó a EE UU para estudiar en la Universidad de Chicago, donde más tarde fue director del departamento de psicología. Hoy día es miembro de la Universidad de California. Se ha hecho célebre por sus investigaciones sobre la felicidad y en especial por su teoría del «flujo».

Hermann Ebbinghaus (1850–1909)
Nació en Barmen (Alemania), en una familia de comerciantes adinerados. Estudió en la Universidad de Bonn y enseñó en la de Berlín, donde fundó dos laboratorios de psicología. Fue el primer psicólogo que estudió sistemáticamente el aprendizaje y la memoria, lo que logró experimentando consigo mismo. Enseñó hasta su muerte por neumonía a los 59 años.

Paul Eckman (n. 1934)
Psicólogo estadounidense, comenzó sus estudios en la Universidad de Chicago a los 15 años y allí se interesó por Freud y la psicoterapia. Se doctoró en psicología clínica en la Universidad Adelphi de Nueva York y, durante años, investigó la comunicación no verbal en la Universidad de California. Recibió muchos premios y fue uno de los primeros en estudiar las emociones y su relación con las expresiones faciales.

Albert Ellis (1913–2007)

Nació en Pensilvania (EE UU). Su infancia fue difícil porque su madre sufría trastorno bipolar. Fue escritor antes de estudiar psicología clínica en la Universidad de Columbia, donde recibió la influencia de Freud, pero luego rompió con el psicoanálisis y se interesó por la terapia cognitivo-conductual. Continuó publicando artículos y libros hasta su muerte a los 93 años.

Erik Erikson (1902–1994)

Este psicólogo acuñó el término «crisis de identidad» tras luchar con sus propios problemas identitarios. Nació en Frankfurt (Alemania), nunca conoció a su padre biológico y le criaron su madre y su padrastro. Fue profesor de arte y después estudió psicoanálisis con Anna Freud. Sus libros le hicieron merecedor de un premio Pulitzer y un US National Book Award y, aunque aún no estaba licenciado, impartió cursos en Harvard, Yale y Berkeley.

Hans Eysenck (1916–1997)

Nació en Berlín. Sus padres se separaron al poco de nacer él y lo crió su abuela materna. Se trasladó a Inglaterra para estudiar y se doctoró en el University College de Londres, donde más adelante fundó y dirigió el Instituto de Psiquiatría. Eysenck fue muy crítico con el psicoanálisis como forma de terapia y prefirió el enfoque conductista; es conocido por su obra sobre la inteligencia y la personalidad.

Leon Festinger (1919–1989)

Nació en Nueva York de padres inmigrantes rusos. Se graduó en el City College de Nueva York y luego estudió su doctorado con Kurt Lewin en la Universidad de Iowa. Es célebre por su teoría de la disonancia cognitiva, que propuso después de infiltrarse en una secta. También se le debe la aplicación de experimentos de laboratorio en psicología social.

Sigmund Freud (1856–1939) *Véanse* pp. 102–103.

Nico Frijda (1927–2015)

Nacido en Ámsterdam en el seno de una familia judía, durante su infancia vivió oculto para evitar la persecución de los judíos por los nazis durante la Segunda Guerra Mundial. Doctorado en la Gemeente Universiteit de Ámsterdam por su tesis sobre las expresiones faciales, dedicó su carrera a las emociones humanas y afirmó que, como estudiante, se había dedicado a ese tema tras enamorarse de «una chica muy expresiva».

J.J. Gibson (1904–1979)

Gibson nació en Ohio (EE UU). Se doctoró en la Universidad de Princeton y durante años enseñó en el Smith College de Massachusetts. Entre 1942 y 1945 participó en la Segunda Guerra Mundial dirigiendo la Unidad de Investigación de las Fuerzas Aéreas en Psicología de la Aviación. Volvió al Smith College para investigar la percepción visual y está considerado uno de los principales psicólogos del siglo xx en este campo.

Donald Hebb (1904–1985)

Nació en Nueva Escocia (Canadá). Mientras ejercía como profesor descubrió las obras de Sigmund Freud, William James y John B. Watson, lo que le hizo matricularse a tiempo parcial en psicología en la Universidad McGill. Obtuvo el doctorado con Karl Lashley en las universidades de Chicago y de Harvard. Fue pionero de la biopsicología, y sobresalió por su trabajo sobre el funcionamiento de las neuronas en relación con el aprendizaje. Fue presidente de la American Psychological Association en 1960.

William James (1842–1910)

Nacido en una familia rica e influyente de Nueva York, al principio James quiso ser pintor pero luego se interesó por la ciencia. Tras licenciarse en medicina en Harvard, enseñó en esa misma universidad durante casi toda su vida y estableció los primeros cursos de psicología de EE UU y también fundó un laboratorio de psicología. Se le recuerda por el activo papel que desempeñó en el establecimiento de la psicología como disciplina verdaderamente científica.

Carl Jung (1875–1961)

Nació en un pequeño pueblo suizo y estudió medicina en la Universidad de Basilea. Fue célebre su larga colaboración con Sigmund Freud, pero terminaron separándose por diferencias teóricas. Viajó mucho por África, América e India, y estudió a los nativos. Propuso y elaboró los conceptos de las personalidades extravertidas e introvertidas y del inconsciente colectivo.

Daniel Kahneman (n. 1934)

Nació en el seno de una familia judía lituana y creció en Francia. Mientras estudiaba para licenciarse en ciencias conoció la obra de Kurt Lewin, que le impulsó a doctorarse en psicología en la Universidad de California. Es notable su trabajo sobre la psicología de los juicios y la toma de decisiones humanos y recibió gran cantidad de premios, entre ellos la Medalla de la Libertad del Presidente de EE UU en 2013.

Daniel Katz (1903–1998)

Fue un psicólogo social conocido por sus estudios sobre los estereotipos raciales, los prejuicios y los cambios de actitud. Nació en Nueva Jersey (EE UU), se licenció en la Universidad de Buffalo y se doctoró por la de Siracusa, en Nueva York. Enseñó psicología en la Universidad de Michigan y recibió muchos premios, entre ellos el premio Lewin y la Medalla de Oro de la American Psychological Association.

Lawrence Kohlberg (1927–1987)

Nació en Bronxville (Nueva York). Abandonó el instituto y se enroló como marinero. Posteriormente se matriculó en la Universidad de Chicago y se licenció en solo un año. Amplió la obra de Jean Piaget hasta proponer una teoría que explicaba la evolución del razonamiento moral y, después de doctorarse, fue profesor en Yale y Harvard.

Wolfgang Köhler (1887–1967)

Wolfgang Köhler fue una figura clave en la psicología de la Gestalt. Estudió en varias universidades alemanas antes de doctorarse en Berlín, donde dirigió el Instituto de Psicología hasta 1935 cuando, por haber criticado abiertamente al gobierno nazi de Hitler, tuvo que emigrar a EE UU. Enseñó en varias universidades estadounidenses y fue presidente de la American Psychological Association en 1959.

Kurt Lewin (1890–1947)

Nació en una familia judía de clase media en Prusia (hoy Polonia) y creció en Berlín. Estudió medicina y biología antes de incorporarse al ejército alemán en la Primera Guerra Mundial. Fue herido en combate, volvió a Berlín para acabar su doctorado y se interesó por la psicología de la Gestalt. Conocido como el padre de la psicología social moderna, en especial por su trabajo sobre la dinámica de grupos, enseñó en varias universidades de EE UU antes de morir a los 57 años.

Elizabeth Loftus (n. 1944) *Véanse* pp. 62–63.

Eleanor E. Maccoby (1917–2018)

Conocida por su trabajo sobre la psicología de las diferencias sexuales, esta psicóloga del desarrollo era originaria de Washington (EE UU). Doctora por la Universidad de Michigan, enseñó en Harvard antes de trasladarse a la Universidad de Stanford, donde fue la primera mujer presidenta del departamento de psicología. La American Psychological Association otorga un premio anual que lleva su nombre.

Abraham Maslow (1908–1970)

Hijo de padres judíos que emigraron de Rusia a EE UU y que le obligaron a estudiar derecho, Maslow prefirió la psicología y se doctoró por la Universidad de Wisconsin, donde tuvo al conductista Harry Harlow como mentor. La obra de Maslow se centra en las necesidades humanas y en la capacidad de potenciar todo nuestro potencial. Fue elegido presidente de la American Psychological Association en 1968.

Rollo May (1909–1994)

Nacido en Ohio (EE UU), May tuvo una infancia difícil: sus padres se separaron y su hermana padecía esquizofrenia. Se licenció en literatura inglesa y enseñó en Grecia; de regreso en EE UU, ejerció como pastor de la iglesia, profesión que dejó para estudiar psicología. Fue el primero en recibir el doctorado en psicología clínica por la Universidad de Columbia (Nueva York). Es notable su trabajo sobre la ansiedad y la depresión.

Stanley Milgram (1933–1984) *Véanse* pp. 134–135.

George Armitage Miller (1920–2012)

Fue uno de los fundadores de la psicología cognitiva y se le conoce por su obra sobre la memoria. Nacido en Carolina del Sur (EE UU), primero estudió logopedia y después se doctoró en psicología en Harvard. Trabajó en esta universidad, en el Instituto de Tecnología de Massachusetts y en la Universidad Rockefeller antes de establecerse en Princeton. En 1969 fue presidente de la American Psychological Association y en 1991 recibió la Medalla Nacional de la Ciencia.

Fritz Perls (1893–1970)

Nació en Berlín y, después de servir en el ejército durante la Primera Guerra Mundial, estudió medicina y después psiquiatría. Emigró a Sudáfrica con su esposa, la psicóloga Laura Posner, donde estableció un instituto de enseñanza del psicoanálisis. Ya en EE UU, fundaron el Instituto de Terapia de la Gestalt en Nueva York antes de mudarse a California.

Jean Piaget (1896–1980)

Nació en Suiza y, desde pequeño, le interesó la naturaleza: publicó su primer trabajo científico a los 11 años de edad. Tras doctorarse en zoología, comenzó a dictar conferencias y publicar textos sobre psicología y filosofía. Reconocido por su investigación del desarrollo cognitivo de los niños, recibió el premio Erasmo en 1972, el premio Balzan en 1978 y diversos doctorados honoríficos de todo el mundo.

Laura Posner (1905–1990) *Véase* Fritz Perl, arriba.

Vilayanur Ramachandran (n. 1951) *Véanse* pp. 44–45.

Santiago Ramón y Cajal (1852–1934) *Véanse* pp. 48–49.

Carl Rogers (1902–1987)

Nació en una familia protestante radical en Illinois (EE UU). Basó sus teorías en la convicción de que las personas pueden alcanzar todo su potencial y, por ende, el bienestar mental. Trabajó en las universidades de Ohio, Chicago y Wisconsin y fue presidente de la American Psychological Association en 1947. Dedicó sus últimos años a aplicar sus teorías en lugares socialmente conflictivos como Irlanda del Norte y Sudáfrica, y fue candidato al premio Nobel de la Paz en 1987.

Dorothy Rowe (1930–2019)

Psicóloga clínica y escritora, su ámbito de interés fue la depresión. Nació en Nueva Gales del Sur (Australia) y estudió psicología en la Universidad de Sidney. Emigró al Reino Unido, se doctoró y estableció y dirigió el departamento de psicología clínica de Lincolnshire.

Daniel Schacter (n. 1952)

Muy conocido por su trabajo sobre la memoria humana, Schacter nació en Nueva York. Su tesis doctoral, por la Universidad de Toronto (Canadá), fue supervisada por Endel Tulving y, en 1981, ambos fundaron en Toronto una unidad para trastornos de la memoria. Diez años después, Schacter fue nombrado profesor de psicología en Harvard, donde creó el Laboratorio Schacter para la Memoria.

Martin Seligman (n. 1942)

Considerado uno de los fundadores de la psicología positiva, nació en Nueva York, estudió filosofía en la Universidad de Princeton y obtuvo el doctorado en psicología en la Universidad de Pensilvania. Inspirado por el trabajo de Aaron Beck, se interesó por la depresión y la búsqueda de la felicidad. Dirige el Centro de Psicología Positiva Penn y fue elegido presidente de la American Psychological Association en 1998.

B.F. Skinner (1904–1990)

Nacido en Pensilvania (EE UU), Skinner estudió literatura inglesa en la Universidad Hamilton de Nueva York. Al principio quería ser escritor pero, inspirado por la obra de Iván Pávlov y John B. Watson, se doctoró en psicología por Harvard y fue pionero del conductismo. Pocos días antes de su muerte, la American Psychological Association le concedió un premio por toda su carrera profesional.

Thomas Szasz (1920–2012)

El autor de *El mito de la enfermedad mental* fue un conocido crítico de los fundamentos morales y científicos de la psiquiatría. Nacido en Budapest (Hungría), se trasladó a EE UU en 1938 y estudió medicina en la Universidad de Cincinnati (Ohio). Enseñó en la Universidad Estatal de Nueva York y recibió más de 50 prestigiosos premios.

Edward Thorndike (1874–1949)

Nacido en Massachusetts (EE UU), se le conoce por sus trabajos sobre la conducta de los animales y el proceso de aprendizaje. Estudió en Harvard con William James y acabó su tesis doctoral en la Universidad de Columbia (Nueva York), donde transcurrió casi toda su carrera. Ayudó a sentar las bases científicas de la psicología educativa moderna y fue presidente de la American Psychological Association en 1912.

Edward Tolman (1886–1959)

Fue un conductista conocido por sus experimentos con ratas en laberintos. Estudió electroquímica en el Instituto de Tecnología de Massachusetts pero, tras leer la obra de William James, optó por una licenciatura en psicología en Harvard. Enseñó en la Universidad de California (Berkeley) y contribuyó a los estudios del aprendizaje y la motivación. Fue presidente de la American Psychological Association en 1937.

Endel Tulving (n. 1927)

Nacido en Estonia, es psicólogo experimental y neurocientífico. Se licenció en la Universidad de Toronto (Canadá) y se doctoró en Harvard (EE UU), antes de volver a Toronto como profesor. Es conocido por sus teorías sobre la organización de la memoria y en 2005 ganó el premio Internacional de la Fundación Gairdner, el más importante en biología y medicina de Canadá.

Lev Vygotsky (1896–1934)

Nació en pleno Imperio Ruso en la ciudad de Orsha (hoy en Bielorrusia). Estudió derecho en la Universidad Estatal de Moscú, donde conoció la psicología de la Gestalt. Se le conoce sobre todo como psicólogo del desarrollo por su teoría de que los niños aprenden del entorno social. Aunque en vida no recibió muchos reconocimientos, su obra es fundamental para gran parte de las investigaciones y las teorías sobre el desarrollo cognitivo.

John B. Watson (1878–1958)

John Broadus Watson, fundador del conductismo, nació en una familia pobre de Carolina del Sur (EE UU). Aunque de adolescente fue muy rebelde, se licenció en la universidad con solo 21 años. Tras doctorarse en la Universidad de Chicago, presidió el departamento de psicología de la Universidad Johns Hopkins. Se le conoce por sus investigaciones de la conducta de los animales y de la educación de los niños, así como por su controvertido experimento con «el pequeño Albert». En 1915 presidió la American Psychological Association.

Max Wertheimer (1880–1943)

Uno de los fundadores de la psicología de la Gestalt, Max Wertheimer nació en Praga en una familia de clase alta. Talentoso violinista y compositor, parecía destinado a la música. No obstante, estudió derecho, filosofía y, finalmente, psicología. Impartió clases en las universidades de Berlín y Frankfurt (Alemania), antes de emigrar a Nueva York, en 1933. Wertheimer es conocido por su obra sobre cómo la mente busca pautas cuando procesa la información visual.

Robert Zajonc (1923–2008)

Fue un psicólogo social polaco célebre por su obra sobre los juicios y la toma de decisiones. Cuando tenía 16 años, su familia huyó de Łodź a Varsovia escapando de la invasión nazi. Sus padres murieron en un bombardeo y él fue enviado a un campo de trabajo en Alemania, del cual pudo escapar. Se licenció y doctoró en la Universidad de Michigan (EE UU), donde fue profesor durante casi cuatro décadas.

Bluma Zeigarnic (1901–1988)

Nació en Lituania, que entonces era parte del Imperio Ruso, y fue una de las primeras mujeres rusas que asistieron a la universidad. Se doctoró en la Universidad de Berlín, donde recibió la influencia de los psicólogos de la Gestalt Wolfgang Köhler, Max Wertheimer y Kurt Lewin. En 1983 recibió el premio Lewin Memorial. Es notable su trabajo sobre la tendencia de las personas a recordar tareas incompletas.

Philip Zimbardo (n. 1933)

Nacido en Nueva York en una familia de inmigrantes sicilianos, Zimbardo estudió en la Universidad de Brooklyn, donde se licenció en psicología, sociología y antropología. Se doctoró por Yale y enseñó en varias universidades antes de trasladarse a la de Stanford, donde realizó el famoso experimento de la cárcel de Stanford. Ha escrito muchos libros, recibido numerosos premios y fue elegido presidente de la American Psychological Association en 2002.

Glosario

Actitudes
Evaluaciones de objetos, ideas y sucesos, o de otras personas.

Acto fallido
Acción o palabra parecida pero diferente a la intención original y que refleja los pensamientos *inconscientes*.

Agresividad
Conducta que hace que se dañe a otro/s.

Altruismo
Preocupación desinteresada por el bienestar de los demás.

Apego
Lazo emocional entre un niño y un cuidador adulto, que se forma en los primeros años de vida.

Aprendizaje social
Teoría según la cual las personas observan y copian *(modelado)* la conducta de los demás.

Asociación libre
Técnica en la que los pacientes dicen lo primero que les viene a la mente después de oír una palabra cualquiera; se utiliza para revelar los pensamientos *inconscientes*.

Atención
Proceso de centrar la *percepción* en un elemento del entorno.

Autorrealización
Necesidad humana de alcanzar el pleno potencial personal; según Abraham Maslow es una de las necesidades más avanzadas.

Autotrascendencia
Necesidad de hacer cosas por una causa más alta que uno mismo.

Cerebro dividido
Resultado de separar ambos *hemisferios* cerebrales y que solía aplicarse para tratar la *epilepsia*.

Cociente intelectual (CI)
Valor numérico de la inteligencia de una persona, que muestra si es más o menos inteligente que la media, que se sitúa en 100.

Complejo de inferioridad
Trastorno que consiste en sentirse inferior a los demás. Puede causar conductas hostiles o antisociales.

Conciencia
La percepción de nosotros mismos y del entorno.

Condicionamiento clásico
Tipo de aprendizaje en el que un *estímulo* provoca una *respuesta* involuntaria o automática.

Condicionamiento operante
Tipo de aprendizaje en el que una *respuesta* voluntaria se refuerza mediante un premio o un castigo.

Conductismo
Enfoque psicológico que estudia la conducta observable y no los procesos internos como el pensamiento y las emociones.

Conformidad
Tendencia a adoptar las conductas, las *actitudes* y los valores de otros miembros de un grupo o una figura de autoridad.

Dependencia
Incapacidad de dejar de consumir una droga, como el alcohol.

Depresión
Trastorno del estado de ánimo que se caracteriza por sentimientos de desesperanza y baja autoestima.

Disonancia cognitiva
Sentimiento que surge cuando se sostienen dos creencias opuestas.

Efecto espectador
Fenómeno por el que cuanta más gente esté presente, es menos probable que alguien ayude a una persona en apuros.

Electroencefalografía (EEG)
Tecnología de exploración que mide las señales eléctricas del cerebro.

Ello
En el *psicoanálisis*, la parte *inconsciente* de la mente que se asocia a los *impulsos* instintivos y las necesidades físicas.

Enfermedad neurodegenerativa
Enfermedad que afecta al *sistema nervioso*.

Epilepsia
Trastorno de crisis repentinas relacionado con anomalías de la actividad eléctrica cerebral.

Esquizofrenia
Grave trastorno mental que se caracteriza por una visión distorsionada de la realidad. Sus síntomas son alucinaciones, falta de emoción y conducta errática.

Estímulo
Objeto, suceso, situación o factor de un entorno que provoca una *respuesta* concreta.

Exploración por tomografía computarizada (TC)
Tecnología de exploración que utiliza rayos X y un programa informático para elaborar imágenes detalladas del interior del cuerpo.

Extravertido/a
Personalidad que dirige su energía hacia el mundo exterior. Suelen ser personas sociables y habladoras y disfrutan de la compañía de otros.

Fármacos psicoactivos
Sustancias que afectan a la *conciencia* al cambiar la forma en que las señales pasan por el cerebro y el *sistema nervioso*.

Flujo
Estado de trance en que se entra cuando se está absorto en una tarea y que causa sentimientos de satisfacción y felicidad.

Fobia
Trastorno de ansiedad que se caracteriza por miedo intenso e irracional a un objeto o una situación.

Grupo ajeno
Grupo al que no se pertenece y que, por tanto, no se considera bueno.

Grupo de control
Grupo de participantes en un estudio no expuestos a las condiciones del experimento.

Grupo propio
El grupo al cual se pertenece. Sus miembros siempre verán a su grupo mejor que los otros, o *grupos ajenos*.

Hemisferio
Cualquiera de las dos mitades del cerebro: la derecha o la izquierda.

Hipnosis
Inducción de un estado temporario de *conciencia*, en forma de trance, durante el que es más fácil sugestionar a alguien.

Hipótesis
Predicción o declaración comprobada por la experimentación.

Holgazanería social
Fenómeno consciente por el que la gente se esfuerza menos en conseguir un objetivo cuando actúa dentro de un grupo que cuando actúa sola.

Impronta
Fenómeno instintivo por el cual un animal recién nacido forma lazos con cualquier individuo u objeto que identifica como progenitor.

Impulso
Desencadenante de satisfacción de las necesidades fisiológicas: el impulso del hambre obliga a comer.

Inconsciente
Según Sigmund Freud, el nivel de *conciencia* al que no se accede con facilidad y que guarda las ideas, deseos, recuerdos y emociones más profundos.

Inconsciente colectivo
En la teoría de Carl Jung, la parte del *inconsciente* que se comparte con otros y se transmite de generación en generación.

Innato/a
Característica que existe desde el nacimiento en vez de adquirirse con la experiencia. Puede o no ser heredada.

Inteligencia cristalizada
Capacidad de utilizar los conocimientos y habilidades adquiridos por medio de la educación y la experiencia.

Inteligencia fluida
Capacidad de resolver problemas por razonamiento, al margen de los conocimientos adquiridos.

Inteligencia general
Capacidad que subyace a toda conducta inteligente.

Introspección
Examen de nuestro propio estado interior y nuestros pensamientos.

Introvertido/a
Personalidad que dirige su energía hacia sí misma. Suelen ser personas tímidas y calladas.

Lóbulo frontal
Una de las cuatro zonas o lóbulos del cerebro. Localizado en la parte anterior de cada *hemisferio*, se asocia a la *memoria a corto plazo*.

Memoria a corto plazo
Almacén de la memoria que guarda la información que se necesita para hacer las cosas ahora mismo. Esta información se perderá si no se traslada a la *memoria a largo plazo*.

Memoria a largo plazo
El almacén de memoria que guarda información durante mucho tiempo.

Memoria episódica
El almacén de la memoria que guarda sucesos y experiencias.

Memoria procedimental
El almacén de la memoria que registra los métodos y la manera de hacer las cosas.

Memoria semántica
Almacén de la memoria que guarda hechos y conocimientos.

Mente
Elemento de una persona que controla la *conciencia* y el pensamiento.

Modelado
Tipo de aprendizaje en el que se decide cómo actuar al observar la conducta de los demás.

Moral
El conjunto de *valores* y creencias de una comunidad sobre lo que está bien y lo que está mal.

Neurociencia
Estudio biológico del cerebro y cómo funciona.

Neurona
Célula nerviosa que lleva las señales desde y hacia todas las partes del organismo y forma redes en el cerebro.

Neuroplasticidad
Forma en que las conexiones cerebrales se adaptan a los cambios de conducta o de entorno de una persona, o después de una lesión cerebral.

Neurosis
Trastorno mental sin causa física aparente, como la *depresión*.

Normas sociales
Reglas no escritas que dictan la conducta o las *actitudes* de una comunidad.

Pensamiento de grupo
Fenómeno que sucede en un grupo de personas cuando el deseo de encajar anula el pensamiento crítico independiente, lo que suele llevar a tomar malas decisiones.

Percepción
Forma en que las personas organizan, identifican e interpretan la información aportada por los *sentidos* para comprender el entorno.

Personalidad
Combinación única de *rasgos* o características de una persona, que la inclinan a comportarse y pensar de un modo determinado.

Prejuicio
Juicio preconcebido, por lo general desfavorable, de personas por su género, clase social, edad, raza, religión u otras características.

Psicoanálisis
Teoría y métodos terapéuticos creados por Sigmund Freud, que intentan tratar los trastornos mentales desbloqueando los pensamientos *inconscientes*.

Psicología cognitiva
Sistema psicológico centrado en procesos mentales como el aprendizaje, la memoria, la *percepción* y la *atención*.

Psicología de la Gestalt
Corriente psicológica que acentúa el «todo» por encima de sus componentes individuales en procesos mentales como la percepción.

Psicopatía
Trastorno de la personalidad caracterizado por ausencia de empatía o remordimiento y por conducta antisocial.

Psicoterapia
Tratamientos terapéuticos que emplean medios psicológicos y no médicos.

Psiquiatría
Rama de la medicina que se
ocupa de los trastornos mentales.

Rasgo
Característica personal específica
que aparece constantemente e
influye sobre la conducta.

**Recuerdo dependiente
del estado de ánimo**
Un recuerdo que se relaciona
con un estado de ánimo concreto
y que vuelve cuando la persona
recobra ese estado de ánimo.

Recuerdo falso
Recuerdo recuperado de un
suceso que nunca ocurrió.

**Recuerdos dependientes
del contexto**
Recuerdos que se asocian al lugar
en que se registraron y que pueden
regresar al volver a ese lugar.

Recuerdos en *flash*
Recuerdo vívido asociado a un
acontecimiento emocional.

Refuerzo
En el *condicionamiento clásico*,
el procedimiento que aumenta
la probabilidad de *respuesta*.

Represión
Mecanismo de defensa que excluye
del pensamiento consciente las
ideas, los sentimientos o los
recuerdos dolorosos.

**Resonancia magnética
nuclear funcional (RMNf)**
Tecnología exploratoria que mide
el riego sanguíneo de las zonas
del cerebro.

Respuesta
Reacción a un objeto, un
acontecimiento o una situación.

Respuesta condicionada
En el *condicionamiento clásico*,
una *respuesta* que se aprende
o se asocia a un *estímulo*
concreto.

Respuesta no condicionada
En el *condicionamiento clásico*,
una *respuesta* reflexiva o natural
como reacción a un *estímulo*
dado.

Sentidos
Facultades que empleamos para
percibir los cambios en nuestros
entornos interno y externo. Los
cinco sentidos son el oído, el
olfato, la vista, el gusto y el tacto.

Sesgo cognitivo
Suposición ilógica que influye
en la toma de decisiones y hace
juzgar mal.

Sinestesia
Trastorno por el que se perciben
las letras, los números o los días
de la semana con colores, y hasta
personalidades, diferentes.

Sistema nervioso
El centro de control del
organismo; se compone del
cerebro, la médula espinal y
los nervios.

**Sueño de movimiento
de ojos lento (NREM)**
Etapa del sueño en la que los
músculos se relajan y la actividad
cerebral, la respiración y la
frecuencia cardíaca disminuyen.

**Sueño de movimiento
de ojos rápido (REM)**
Etapa al dormir en la que se
sueña y que se caracteriza por
movimiento rápido de los ojos
e inmovilidad de los músculos.

Superyó
En *psicoanálisis*, el término que
designa nuestra «conciencia»
interna o lo que nos han dicho
que está bien y que está mal.

**Terapia cognitivo-conductual
(TCC)**
Tipo de terapia hablada que
alienta al paciente a gestionar
sus problemas cambiando su
forma de pensar y comportarse.

Terapia de la Gestalt
Forma de *psicoterapia* que se
centra en las experiencias
presentes y pone el acento sobre
la responsabilidad personal.

Terapia electroconvulsiva (TEC)
Tratamiento de los trastornos
mentales en el que se hace pasar
una corriente eléctrica por el
cerebro para inducir una crisis.

Transmisión sináptica
Proceso de comunicación de
información entre *neuronas*,
en el que una neurona dispara
una señal a su vecina.

Valores
Conjunto de principios, normas
de conducta o lo que la gente
considera importante en la vida.

Yo
En el *psicoanálisis*, la parte
consciente y racional de la mente.

Índice

Agradecimientos

Dorling Kindersley desea expresar su agradecimiento a Jeongeun Yule Park por su ayuda en el diseño, a John Searcy por la revisión y a Brind por el índice.

Los editores agradecen a las siguientes personas e instituciones el permiso para reproducir sus imágenes:

(Clave: a–arriba; b–abajo; c–centro; e–extremo; i–izquierda; d–derecha; s–superior)

6 Dorling Kindersley: Whipple Museum of History of Science, Cambridge (cd). **Getty Images:** Pasieka / Science Photo Library (ci); Smith Collection / Stone (c). **7 Getty Images:** Rich Legg / E+ (cd). Pearson Asset Library: Pearson Education Ltd / Studio 8 (cia). **12 Corbis:** Matthieu Spohn / PhotoAlto. **15 Science Photo Library:** Science Source (bd). **17 Pearson Asset Library:** Pearson Education Ltd / Tudor Photography (sd). **29 Pearson Asset Library:** Pearson Education Asia Ltd / Terry Leung (bd/muñeco). **30–31 Dorling Kindersley:** Dra. Patricia Crittenden (retrato). **36–37 Getty Images:** Laurence Mouton / PhotoAlto. **39 PunchStock:** Image Source (bd). **42 Bright Bytes Studio:** fotografía de un daguerrotipo por Jack Wilgus (bc). **44–45 Dorling Kindersley:** Science Photo Library (retrato). **48–49 Dorling Kindersley:** Rex Features / Charles Sykes (retrato). **54 Corbis:** momentimages / Tetra Images. **62–63 Dorling Kindersley:** cortesía de UC Irvine (retrato). **69 Corbis:** Martin Palombini / Moodboard (bd/gorila). **70 Dorling Kindersley:** Science Photo Library / Corbin O'Grady Studio (retrato). **72 Pearson Asset Library:** Pearson Education Asia Ltd / Coleman Yuen (bc). **75 Dreamstime.com:** Horiyan (bd/tabla). **78 Corbis:** Peter Endig / DPA (bi). **82 Getty Images:** Robbert Koene / Gallo Images. **85 Getty Images:** Image Source (bd). **87 Pearson Asset Library:** Pearson Education Asia Ltd / Coleman Yuen (bd). **88–89 Dorling Kindersley:** Corbis / Bettmann (retrato). **93 Corbis:** John Woodworth / Loop Images (bd). **97 Corbis:** John Springer Collection (bd). **107 Pearson Asset Library:** Pearson Education Ltd / Jon Barlow (bd). **111 Pearson Asset Library:** Pearson Education Ltd / Jörg Carstensen (bd). **115 Pearson Asset Library:** Pearson Education Ltd / Lord and Leverett (bd). **118–119 Corbis:** Stretch Photography / Blend Images. **121 Corbis:** Chat Roberts (sd). **125 Pearson Asset Library:** Pearson Education Ltd / Tudor Photography (bd). **126–127 Dorling Kindersley:** Solomon Asch Center for Study of Ethnopolitical Conflict. **129 Corbis:** John Collier Jr. (bd). **132 Dreamstime.com:** Horiyan (bc/tabla). **134–135 Dorling Kindersley:** Manuscripts and Archives, Yale University Library / Cortesía de Alexandra Milgram (retrato). **137 Corbis:** Geon-soo Park / Sung-Il Kim (bd). **143 Corbis:** Adrian Samson (bd). **144 Corbis:** Hannes Hepp (bc).

Las demás imágenes © Dorling Kindersley
Para más información: www.dkimages.com